COLEÇÃO
POCKET BOOK
THEREZA NAHAS
COORDENADORA

COLEÇÃO
POCKET BOOK
THEREZA NAHAS
COORDENADORA

YONE FREDIANI

MINUTO EXECUÇÃO

MATRIOSKA
EDITORA

Publisher – Editorial: Luciana Félix
Publisher – Comercial: Patrícia Melo
Coordenação editorial da coleção: Ana C. Moura
Copidesque e preparação de texto: Pamela Andrade
Revisão: Equipe Matrioska Editora
Editoração e capa: Marcelo Correia da Silva

Matrioska Editora
Atendimento e venda direta ao leitor:
www.matrioskaeditora.com.br
contato@matrioskaeditora.com.br
facebook.com/matrioskaeditora
instagram.com/matrioskaeditora

Dados Internacionais de Catalogação na Publicação (CIP)
(Câmara Brasileira do Livro, SP, Brasil)

Frediani, Yone
Minuto execução / Yone Frediani. -- São Paulo : Matrioska Editora, 2022. -- (Coleção pocket book / Thereza Nahas, coordenadora)

Bibliografia.
ISBN 978-65-86985-71-9

1. Direito processual do trabalho - Brasil
2. Execução (Direito do trabalho) - Brasil
3. Prescrição (Direito) - Brasil I. Nahas, Thereza. II. Título. III. Série.

22-119914 CDU-347.952:331(81)

Índices para catálogo sistemático:

1. Brasil : Execução trabalhista : Direito processual 347.952:331(81)

Cibele Maria Dias - Bibliotecária - CRB-8/9427

Impresso no Brasil
2022

A Autora

Yone Frediani

Advogada militante, OAB/SP 37.334. Sócia-fundadora de Frediani e Borba Sociedade de Advogados. Desembargadora do Tribunal Regional do Trabalho da 2ª Região (aposentada). Doutora em Direito do Trabalho PUC/SP. Mestre em Direito das Relações do Estado PUC/SP. Mestre em Diretos Fundamentais/UNIFIEO. Especialista em Direito do Trabalho e Direito Sindical italiano e em Direito Comunitário do Trabalho pela Universidade de Modena e Reggio Emilia, Itália. Professora de Direito e Processo do Trabalho nos cursos de Graduação (desde 2004) e Pós-Graduação da FAAP/Ribeirão Preto (2009-2014) – Fundação Armando Álvares Penteado. Membro da Academia Brasileira de Direito do Trabalho. Membro del Collegio dei Docenti del Corso di dottorato in «Diritto comparato, privato, processuale civile e dell'impresa» presso L'Università degli Studi di Milano (UNIMI). Membro do Conselho Superior de Relações do Trabalho da Federação das Indústrias de São Paulo (FIESP). Membro da Asociación Iberoamericana de Derecho del Trabajo y de la Seguridad Social. Professora Visitante da Universidade de Modena e Reggio Emilia, Itália (2012-2014) e da Universidad Tecnologica del Peru. Autora de artigos e livros nas áreas do Direito Individual, Coletivo e Processual do Trabalho. E-mail: frediani.y@gmail.com. http://lattes.cnpq.br/7174303848823798

Apresentação da Série

A coleção Pocket-book chega ao leitor com a intenção de proporcionar uma ferramenta de trabalho e conhecimento que permita a consulta rápida, inteligente e com a qualidade que o modelo da tecnologia atual exige.

Os temas monográficos e a diversidade de autores e pensamentos evitam que a velocidade das alterações legislativas, jurisprudenciais, políticas e sociais possam comprometer a atualidade das obras.

O formato praticamente 100% digital do conteúdo (com impressões esporádicas e sob demanda) viabiliza as atualizações constantes e necessárias para a compreensão dos temas propostos.

O mundo em constante transformação, a aceleração da tecnologia da informação e da comunicação e os vários instrumentos normativos que surgem nos diferentes países impactando, inclusive, a zona de conforto que cada um de nós vive, requer atualizações mais dinâmicas e intercâmbios culturais, políticos, jurídicos e sociais. O mundo não tem fronteiras e reclama que cada um possa ir mais além, justamente pela união dos povos e a cooperação transnacional.

Vivemos no século da sociedade do conhecimento, fundamento este de cada Pocket-book que o leitor poderá absorver!

Thereza Nahas
Coordenadora e autora

Apresentação

Minuto Execução traz ao leitor uma visão sintética das principais fases e incidentes que normalmente norteiam a execução trabalhista, indicando os dispositivos legais da CLT e do CPC aplicáveis, bem como acórdãos recentes a respeito das matérias expostas.

Yone Frediani.

Sumário

A RAZOÁVEL DURAÇÃO DO PROCESSO

A discussão sobre a razoável duração do processo, além de antiga, tem gerado a preocupação dos estudiosos do Direito do Trabalho e dos diversos ordenamentos jurídicos quanto à necessidade de que a prestação jurisdicional ocorra de forma célere, enquanto garantia constitucional posta nos inúmeros regramentos legais, porque o litigante que possuir maior capacidade econômica pode aguardar mais tempo para ver concretizada a solução de seu processo, o que não ocorre com a parte economicamente frágil.

No Brasil, a Emenda Constitucional 45/2004, conhecida como Reforma do Judiciário, assegurou por meio do inciso LXXVIII, no artigo 5º[1] da Constituição Federal, à semelhança do que já ocorre nos diversos ordenamentos estrangeiros, a razoável duração do processo.

[1] A todos, no âmbito judicial e administrativo, são assegurados a razoável duração do processo e os meios que garantam a celeridade de sua tramitação.

Importante lembrar que os esforços empreendidos para alcançar uma rápida solução processual não se esgotaram com a promulgação da EC nº 45, na medida em que recentes e importantes alterações foram introduzidas no Código de Processo Civil e na CLT, com a finalidade de reduzir o trâmite processual, especialmente na fase de execução, pois não se justifica a criação de mecanismos que possam abreviar a conclusão da fase de conhecimento se este mesmo ritmo não for mantido na fase de execução.

A execução no processo do trabalho revela-se mera fase de acertamento do processo de conhecimento, para que o direito atribuído a uma das partes seja quantificado para ensejar o devido pagamento, sendo importante realçar que, enquanto na fase de conhecimento as partes se encontram no mesmo plano processual de igualdade, essa situação não se repete durante a fase de execução.

Por essa razão é que o contraditório e a ampla defesa exercidos em sua plenitude na fase de conhecimento encontram-se minimizados na fase de execução porque o devedor, a partir da prolação da sentença transitada em julgado com a definição do direito postulado, encontra-se em plano de inferioridade em relação ao credor da obrigação, devendo responder pelos gravames inerentes ao descumprimento da sentença.

PRINCÍPIOS GERAIS DA EXECUÇÃO TRABALHISTA

Considerando que a execução no processo do trabalho constitui simples fase de acertamento do processo de conhecimento, necessário o exame dos princípios que norteiam a atividade executiva pelo Estado.

Antes de qualquer consideração a propósito do tema, necessário lembrar que enquanto no processo de conhecimento as partes se encontram no mesmo plano processual de igualdade, essa situação não se repete durante a fase de execução, porque durante a fase de cognição cada um dos litigantes vai em busca do reconhecimento de seu direito, estabelecido com a prolação da sentença de mérito, iniciando-se a fase de execução, marcada pela superioridade do autor em relação ao réu que sofreu os efeitos da sucumbência.

Por essa razão é que o contraditório e a ampla defesa na fase de execução não são mais exercidos com a mesma plenitude, própria do processo de conhecimento, na medida em que o devedor, a partir do trânsito em julgado da sentença, encontra-se em posição de inferioridade em relação ao credor da obrigação e deverá suportar os gravames inerentes ao não cumprimento espontâneo da sentença.

Feitas tais considerações, inexistem quaisquer dúvidas no sentido de que a execução trabalhista é realizada no interesse do credor visando a satisfação de seu crédito em virtude de sua natureza alimentar, surgindo, pois, o princípio da preferência ou primazia do credor trabalhista, mediante aplicação do disposto no art. 797[2] do CPC.

Não obstante a preferência do exequente, a execução deve ser realizada da forma menos gravosa para o executado, diante a regra contida no art. 805[3] do CPC que, isoladamente, não pode servir de fundamento para que o devedor deixe de cumprir a execução, em face do princípio do meio menos gravoso para o executado.

Importante lembrar que toda execução se encontra fundada na existência de um título, judicial ou extrajudicial, diante da regra contida no art. 783[4] do CPC e no art. 876[5] da CLT, dando ensejo à existência do princípio do título.

---

[2] Ressalvado o caso de insolvência do devedor, em que tem lugar o concurso universal, realiza-se a execução no interesse do exequente que adquire, pela penhora, o direito de preferência sobre os bens penhorados. Parágrafo único. Recaindo mais de uma penhora sobre o mesmo bem, cada exequente conservará o seu título de preferência.

[3] Quando por vários meios o exequente puder promover a execução, o juiz mandará que se faça pelo modo menos gravoso para o executado.
Parágrafo único. Ao executado que alegar ser a medida executiva mais gravosa incumbe indicar outros meios mais eficazes e menos onerosos, sob pena de manutenção dos atos executivos já determinados.

[4] A execução para cobrança de crédito fundar-se-á sempre em título de obrigação certa, líquida e exigível.

[5] As decisões passadas em julgado ou das quais não tenha havido recurso com efeito suspensivo; os acordos, quando não cumpridos, os termos de ajuste de conduta firmados perante o Ministério Público do Trabalho e os termos de conciliação firmados perante as Comissões de Conciliação Prévia serão executados pela forma estabelecida neste Capítulo.

De igual relevância, o exercício do princípio do contraditório que será analisado no capítulo que se segue, diante de suas peculiaridades na fase de execução.

De igual importância, o princípio da patrimonialidade, representado pela regra contida no art. 789[6] do CPC, sujeitando os bens presentes e futuros do devedor ao cumprimento das obrigações assumidas.

O princípio da efetividade da execução revela-se com a concretização da entrega da obrigação contida no título no menor prazo possível, encontrando-se diretamente vinculado à garantia constitucional estabelecida com a razoável duração do processo, tema de abertura destes estudos.

Ao lado das garantias judiciais que cercam o direito do exequente, surge o princípio da disponibilidade, estabelecido no art. 775[7] do CPC por meio do qual permite-se ao credor desistir de seu crédito total ou parcialmente, manifestação que estará sujeita à homologação pelo magistrado condutor da execução trabalhista.

O aproveitamento dos atos processuais ainda que não tenham observado a forma legal, mas que atingiram sua finalidade, deu origem ao princípio da instrumentalidade das formas inserto no art. 277[8] do CPC, pelo qual a declaração de nulidade fica condicionada

---

[6] O devedor responde com todos os seus bens presentes e futuros para o cumprimento de suas obrigações, salvo as restrições estabelecidas em lei.

[7] O exequente tem o direito de desistir de toda a execução ou de apenas alguma medida executiva.

[8] Quando a lei prescrever determinada forma, o juiz considerará válido o ato se, realizado de outro modo, lhe alcançar a finalidade.

ao efetivo prejuízo das partes, em face do disposto nos arts. 794[9] da CLT e 283[10] do CPC.

Considerando que as regras processuais celetistas que regulam a execução trabalhista são insuficientes, o disposto no art. 769[11] da CLT revela o princípio da subsidiariedade, permitindo a aplicação do CPC desde que haja omissão da CLT e compatibilidade com os princípios que norteiam o processo do trabalho.

Além da regra acima apontada, na conformidade do disposto no art. 889[12] da CLT, na execução trabalhista, observar-se-á a seguinte ordem na aplicação subsidiária dos textos legais aplicáveis à matéria: a) Lei nº 6.830/1980; b) CPC.

Importante realçar que a execução trabalhista é considerada fase do processo, que se inicia após a definição do crédito exequendo por meio dos cálculos de liquidação e sua fixação por meio de sentença, dando origem ao que se denominou procedimento sincrético.

---

[9] Nos processos sujeitos à apreciação da Justiça do Trabalho só haverá nulidade quando resultar dos atos inquinados manifesto prejuízo às partes litigantes.

[10] O erro de forma do processo acarreta unicamente a anulação dos atos que não possam ser aproveitados, devendo ser praticados os que forem necessários a fim de se observarem as prescrições legais.
Parágrafo único. Dar-se-á o aproveitamento dos atos praticados desde que não resulte prejuízo à defesa de qualquer parte.

[11] Nos casos omissos, o direito processual comum será fonte subsidiária do direito processual do trabalho, exceto naquilo em que for incompatível com as normas deste Título.

[12] Aos trâmites e incidentes do processo da execução serão aplicáveis, naquilo que não contravierem ao presente Título, os preceitos que regem o processo dos executivos fiscais para a cobrança judicial da dívida ativa da Fazenda Pública Federal.

A nova redação do art. 878[13] da CLT alterou o princípio do impulso oficial, estabelecendo que o magistrado somente promoverá a execução de ofício no caso das partes sem representação por advogado.

Por meio da aplicação do princípio da proporcionalidade, são solucionados conflitos entre direitos de igual relevância, citando-se como exemplo o direito de o exequente receber seu crédito e a proteção do bem de família do executado.

O princípio da cooperação inserto no art. 6º[14] do CPC estabelece o dever de cooperação entre os sujeitos processuais em todas as fases do processo.

Ao lado dos princípios acima apontados, o processo do trabalho apresenta peculiaridade específica, merecendo relevância especial a irrecorribilidade das decisões interlocutórias, marca registrada do processo do trabalho, que impede a discussão de solução de meros incidentes processuais nas fases de conhecimento e de execução; ao contrário, no processo civil, a discussão das decisões interlocutórias se realiza por meio do agravo de instrumento.

---

[13] A execução será promovida pelas partes, permitida a execução de ofício pelo juiz ou Presidente do Tribunal apenas nos casos em que as partes não estiverem representadas por advogado.

[14] Todos os sujeitos do processo devem cooperar entre si para que se obtenha, em tempo razoável, decisão de mérito justa e efetiva

PECULIARIDADES E IMPORTÂNCIA DO PRINCÍPIO DO CONTRADITÓRIO NA EXECUÇÃO

O princípio do contraditório no processo de execução reveste-se de nuances especiais, porque, nesta fase processual, superada a fase de conhecimento com a discussão e definição do direito de cada um dos litigantes, na execução, o direito invocado já se encontra reconhecido no título judicial ou extrajudicial.

Portanto, o princípio do contraditório como garantia constitucional prevista no art. 5º, LV da CF/1988[15], é exercido em qualquer tipo de processo (administrativo, de conhecimento, cautelar e de execução).

---

[15] LV - aos litigantes, em processo judicial ou administrativo, e aos acusados em geral são assegurados o contraditório e ampla defesa, com os meios e recursos a ela inerentes.

Porém, dependendo do tipo do procedimento enfocado, o exercício do contraditório poderá ser realizado de maneira específica, tendo-se em consideração a modalidade do direito e a natureza do interesse a ser tutelado.

Considerando que o objetivo da execução é a satisfação do crédito, claro está que o exercício do contraditório nessa fase processual há de ser restrito, permitindo-se ao executado a oposição de sua defesa dentro das hipóteses legalmente previstas, observada a necessária razoabilidade, sob pena de configuração do ato praticado como atentatório à dignidade da justiça, na conformidade da regra inserta no art. 774[16] do diploma processual.

O princípio do contraditório na execução ainda que exercido de forma reduzida se traduz como necessário na fase de execução como garantia de um processo justo, não se podendo impor ao executado sacrifícios maiores do que aqueles que deva suportar diante do ordenamento legal, segundo a regra contida no art. 805 do CPC[17].

Dessa forma, enquanto na fase de conhecimento, a investigação dos fatos alegados e a manifestação do contraditório é ampla, na execução seu exercício é restrito porque o devedor se encontra em

---

[16] Considera-se atentatória à dignidade da justiça a conduta comissiva ou omissiva do executado que: I – frauda a execução; II – se opõe maliciosamente à execução, empregando ardis e meios artificiosos; III – dificulta ou embaraça a realização da penhora; IV – resiste injustificadamente às ordens judiciais; V – intimado, não indica ao juiz quais são e onde estão os bens sujeitos à penhora e os respectivos valores, nem exibe prova de sua propriedade e, se for o caso, certidão negativa de ônus.
Parágrafo único. Nos casos previstos neste artigo, o juiz fixará multa em montante não superior a vinte por cento do valor atualizado do débito em execução, a qual será revertida em proveito do exequente, exigível nos próprios autos do processo, sem prejuízo de outras sanções de natureza processual ou material.

[17] Quando por vários meios o exequente puder promover a execução, o juiz mandará que se faça pelo modo menos gravoso ao executado.

posição de submissão ao credor, devendo cumprir a obrigação que lhe foi imposta pela decisão judicial.

Conclui-se, pois, que ao executado não cabe a oposição de defesa, em sentido amplo, mas o ataque à execução propriamente dita, com a finalidade de aniquilar a eficácia executiva do título, valendo dizer, na execução, a resistência do executado não se volta quanto à existência do direito declarado como tal, mas unicamente à satisfação desse mesmo direito, porque na execução o devedor utiliza-se do processo como meio destinado a retardar o cumprimento da obrigação que lhe foi imposta

Portanto, verifica-se que o contraditório na execução não guarda as mesmas características e finalidade daquele exercido na fase de conhecimento, como meio de prova para o reconhecimento de um direito, porque, na execução, o contraditório surge como defesa processual, vez que o direito de cada uma das partes foi definido na fase de cognição.

Via de consequência, na execução, o devedor não resiste ao direito, mas à satisfação do crédito, posto que os objetivos são diversos; enquanto na fase de conhecimento se busca a produção do direito, na execução vai-se ao encontro de sua realização.

Inúmeras são as oportunidades que se abrem ao executado na execução para manifestação a respeito da prática dos atos praticados como na fixação do crédito exequendo por meio da sentença de liquidação, oposição de embargos após a garantia do juízo, eventual substituição de penhora realizada, impugnação ao valor da avaliação do bem constrito e que servirá de base para a futura alienação do mesmo.

Da mesma forma, o contraditório se fará presente na arrematação, exigindo-se a publicação de edital da praça, vedando-se a alienação do bem constrito por preço vil.

Ressalte-se que na fase de conhecimento a manifestação do contraditório é exercida previamente à prática do ato, enquanto que na execução o contraditório é realizado posteriormente à concretização do ato.

TÍTULOS EXECUTIVOS JUDICIAIS E EXTRAJUDICIAIS/COMPETÊNCIA PARA EXECUÇÃO

De acordo com o disposto no art. 876[18] da CLT, toda execução deverá estar fundada em um título executivo judicial (sentença transitada em julgado ou acordos homologados, incluindo-se as respectivas contribuições sociais incidentes sobre tais títulos) ou extrajudicial (termos de ajustamento de conduta perante o MPT e de conciliação junto às CCP, termo de homologação de acordo extrajudicial; segundo o disposto no art. 885-B[19] da CLT, outros títulos extrajudiciais

[18] As decisões passadas em julgado ou das quais não tenha havido recurso com efeito suspensivo; os acordos, quando não cumpridos; os termos de ajuste de conduta firmados perante o Ministério Público do Trabalho e os termos de conciliação firmados perante as Comissões de Conciliação Prévia serão executados pela forma estabelecida neste Capítulo.

[19] O processo de homologação de acordo extrajudicial terá início por petição conjunta, sendo obrigatória a representação das partes por advogado.

serão executados perante a Justiça do Trabalho, citando-se os acordos extrajudiciais quando inadimplidos, a certidão de inscrição na dívida ativa da União relativa às multas administrativas impostas pelos órgãos de fiscalização do trabalho e outros títulos decorrentes da relação de trabalho como cheques e confissão de dívida).

A competência para execução trabalhista encontra-se definida pelos arts. 877[20] e 877-A[21] que tratam, respectivamente, da execução dos títulos judiciais e extrajudiciais.

---

[20] É competente para a execução das decisões o juiz ou presidente do Tribunal que tiver conciliado ou julgado originariamente o dissídio.

[21] É competente para a execução de título executivo extrajudicial o juiz que teria competência para o processo de conhecimento relativo à matéria.

EXECUÇÃO DE TÍTULO JUDICIAL

A execução dos títulos judiciais encontra-se prevista no art. 876 da CLT, o qual enumera as decisões transitadas em julgado e os acordos homologados e inadimplidos.

Relativamente à sentença transitada em julgado, necessário buscarem-se os respectivos conceitos no § 1º do art. 203[22] do CPC e no art. 502[23] do mesmo diploma legal, considerando a omissão da CLT nesse sentido.

Portanto, a sentença que enseja execução definitiva é aquela contra a qual não cabe mais nenhum recurso.

---

[22] Ressalvadas as disposições expressas dos procedimentos especiais, sentença é o pronunciamento por meio do qual o juiz, com fundamento nos arts. 485 e 487, põe fim à fase cognitiva do procedimento comum, bem como extingue a execução.

[23] Denomina-se coisa julgada material a autoridade que torna imutável e indiscutível a decisão de mérito não mais sujeita a recurso.

Ao acordo homologado perante a Justiça do Trabalho, aplica-se o disposto no § único do art. 831[24] da CLT, que, ao conferir-lhe atributo de decisão irrecorrível, trouxe como consequência o trânsito em julgado da transação havida, motivo pelo qual o acordo homologado somente poderá ser revisto por meio de ação rescisória, nos termos do entendimento majoritário cristalizado na Súmula 259 do TST[25].

[24] No caso de conciliação, o termo que for lavrado valerá como decisão irrecorrível, salvo para a Previdência Social quanto às contribuições que lhe foram devidas.

[25] TERMO DE CONCILIAÇÃO. AÇÃO RESCISÓRIA. Só por ação rescisória é impugnável o termo de conciliação previsto no parágrafo único do art. 831 da CLT.

EXECUÇÃO DE TÍTULO EXTRAJUDICIAL

Além dos títulos judiciais previstos no art. 876 da CLT, o mesmo dispositivo legal prevê a possibilidade de execução dos títulos extrajudiciais, quais sejam:

a) termos de ajuste de conduta firmados perante o Ministério Público do Trabalho;

b) termos de conciliação firmados perante as Comissões de Conciliação Prévia.

O termo de ajuste de conduta celebrado perante o Ministério Público do Trabalho corresponde à atuação extrajudicial decorrente das atribuições do referido órgão na defesa dos interesses gerais da sociedade e o respeito às liberdades individuais nas esferas administrativa ou extrajudicial.

Constituem modalidades de atuação administrativa ou extrajudicial, os procedimentos investigatórios e os inquéritos civis públicos; constatada e comunicada ao MPT qualquer violação a direito individual homogêneo do trabalhador, será instaurado o procedimento investigatório para aferição de ilegalidade praticada pelo empregador.

No curso do inquérito, poderá ocorrer a possibilidade de regularização da ilegalidade por via administrativa, sem que haja necessidade de propositura da ação civil pública. Nesta hipótese, as partes firmarão termo de ajustamento de conduta, que, se descumprido, ensejará a imediata execução do pactuado perante a Justiça do Trabalho[26].

Quanto aos termos de conciliação firmados perante as Comissões de Conciliação Prévia, lembra-se que tais Comissões foram introduzidas no ordenamento pátrio através da Lei nº 9.958/2000, por meio do art. 625-A/H da CLT. As Comissões de Conciliação Prévia surgiram com a finalidade de prevenir conflitos nas relações individuais de trabalho, mediante negociação extrajudicial entre trabalhador e empregador, solucionando eventual controvérsia oriunda da relação de emprego, antes que possa evoluir na propositura da reclamação trabalhista.

Celebrada a avença entre as partes perante tais Comissões, será redigido o respectivo termo de conciliação, que, se for objeto de

---

[26] TERMO DE AJUSTAMENTO DE CONDUTA. TÍTULO EXECUTÍVO EXTRAJUDICIAL. A presente execução decorre do descumprimento de cláusulas constantes do Termo de Compromisso de Ajustamento de Conduta (fls. 17/21), sendo certo que o referido TAC detém natureza jurídica de título executivo extrajudicial passível de execução direta em caso de descumprimento perante esta Justiça Especializada, a teor do artigo 876 da CLT, inclusive quanto às multas nele fixadas, as quais compõem os termos do ajuste. (TRT da 2ª Região; Processo: 1001343-57.2019.5.02.0037; Data: 20/07/2021; Órgão Julgador: 3ª Turma - Cadeira 4 - 3ª Turma; Relator(a): MERCIA TOMAZINHO).

inadimplemento por parte do empregador, será executado perante a Justiça do Trabalho[27].

Além dos títulos extrajudiciais previstos no art. 876 da CLT, entende-se perfeitamente possível a execução de outros títulos extrajudiciais, desde que decorrentes de créditos fundados na relação de trabalho ou de emprego havida, com utilização do procedimento monitório ou propositura de execução.

Portanto, a execução de outros títulos extrajudiciais, que não apenas aqueles legalmente previstos, habilitariam desde logo a execução do devedor da obrigação decorrente da relação de trabalho, com o prestígio do postulado de conotação universal materializada na celeridade e economia processuais.

---

[27] AÇÃO DE EXECUÇÃO DE TÍTULO EXECUTIVO EXTRAJUDICIAL. (ACORDO ENTABULADO PERANTE A COMISSÃO DE CONCILIAÇÃO PRÉVIA). PRESCRIÇÃO. Diante da ausência de norma trabalhista específica, que discipline a prescrição aplicável às ações de execução de título executivo extrajudicial, e tendo em vista a autorização concedida pelo artigo 8º, § 1º, da CLT, aplica-se à hipótese o prazo de cinco anos, previsto no artigo 206, § 5º, I, do Código Civil. Agravo de petição do exequente a que se dá provimento, para o fim de afastar a prescrição bienal reconhecida pela Origem e determinar o regular prosseguimento da execução. (TRT da 2ª Região; Processo: 1000830-76.2020.5.02.0612; Data: 05/05/2021; Órgão Julgador: 18ª Turma - Cadeira 1 - 18ª Turma; Relator(a): RILMA APARECIDA HEMETERIO).

RESPONSABILIDADE PATRIMONIAL

Antes de adentrar-se ao exame das fraudes contra credores e à execução, é necessária a compreensão da relação que se estabelece entre a dívida e a responsabilidade; na antiguidade era o próprio devedor que se obrigava pessoalmente pelo cumprimento das obrigações assumidas, podendo o credor dispor da sua vida matando-o ou vendendo-o como escravo. A evolução dos mecanismos jurídicos introduziu a substituição da responsabilidade pessoal, que passou a incidir sobre o patrimônio do devedor, surgindo os conceitos de dívida e responsabilidade.

Assim sendo, a dívida representa um vínculo de natureza pessoal, enquanto que a responsabilidade corresponde a um vínculo de ordem patrimonial, podendo dívida e responsabilidade estarem reunidas em uma só pessoa, no caso o devedor, sócio, fiador, etc.

O art. 789[28] e seguintes do CPC tratam da responsabilidade patrimonial, estabelecendo que o devedor responde com todos os seus bens presentes e futuros em relação às obrigações assumidas, salvo eventual restrição estabelecida em lei.

Por conseguinte, a responsabilidade patrimonial do devedor sujeita-se aos bens existentes no momento da assunção da dívida, envolvendo, também, os bens adquiridos após a obrigação assumida, constituindo um vínculo processual através do qual o patrimônio do devedor sujeita-se ao pagamento de obrigação assumida.

Trata-se, portanto, da denominada responsabilidade primária, em oposição à responsabilidade patrimonial de ordem secundária, prevista no artigo 790[29] do CPC, sujeitando à execução os bens do sucessor, do sócio, do devedor quando em poder de terceiros, do cônjuge e os alienados ou gravados em fraude de execução.

Dessa forma, determinadas pessoas, embora não constem do título executivo, poderão ter seu patrimônio sujeito à execução, por força de relação entre o devedor e terceiro; nessa relação, o sujeito passivo e responsável pelo pagamento é o próprio executado, enquanto que o terceiro figura como responsável patrimonial secundário.

No processo do trabalho, constituem responsáveis secundários na execução do crédito trabalhista:

---

[28] O devedor responde com todos os seus bens presentes e futuros para o cumprimento de suas obrigações, salvo as restrições estabelecidas em lei.

[29] São sujeitos à execução os bens: I - do sucessor a título singular, tratando-se de execução fundada em direito real ou obrigação reipersecutória; II - do sócio, nos termos da lei; III - do devedor, ainda que em poder de terceiros; IV - do cônjuge ou companheiro, nos casos em que seus bens próprios ou de sua meação respondem pela dívida; V - alienados ou gravados com ônus real em fraude à execução; VI - cuja alienação ou gravação com ônus real tenha sido anulada em razão do reconhecimento, em ação autônoma, de fraude contra credores; VII - do responsável, nos casos de desconsideração da personalidade jurídica.

a) Sucessão de empresas – encontra-se disciplinada pelos arts. 10[30] e 448[31] da CLT, de forma que qualquer alteração na estrutura jurídica da empresa ou mudança na sua propriedade não afetará os direitos adquiridos e os contratos de trabalho dos empregados, com fundamento nos princípios da continuidade e inalterabilidade do contrato de trabalho e despersonalização do empregador.

A regra geral determina que o sucessor responderá pela dívida integralmente[32], resultando irrelevante e inválida eventual cláusula contratual que preveja a isenção de responsabilidade da empresa sucessora, exceto na hipótese de fraude, contemplada pelos arts. 9º[33] da CLT e 942[34] do CC, em que sucessor e sucedido responderão solidariamente.

Na conformidade do disposto no art. 448-A[35] da CLT, recentemente introduzido por força da Lei nº 13.467/2017, a empresa sucedida

---

[30] Qualquer alteração na estrutura jurídica da empresa não afetará os direitos adquiridos por seus empregados.

[31] A mudança na propriedade ou na estrutura jurídica da empresa não afetará os contratos de trabalho dos respectivos empregados.

[32] RESPONSABILIDADE SOLIDÁRIA / SUBSIDIÁRIA Sucessão de Empregadores Verificada a possibilidade de caracterização de sucessão trabalhista, deve-se zelar para a observância do princípio do contraditório, de forma comparticipativa, com nova decisão do juiz sobre a matéria e possibilidade de acesso ao duplo grau de jurisdição pela empresa que não integrou a lide na fase de conhecimento. Agravo de petição parcialmente provido. (PJe TRT/SP 1000405-29.2016.5.02.0082 - 17ª Turma - AP - Rel. Maria de Lourdes Antonio - DeJT 5/03/2021).

[33] Serão nulos de pleno direito os atos praticados com o objetivo de desvirtuar, impedir ou fraudar a aplicação dos preceitos contidos na presente Consolidação.

[34] Os bens do responsável pela ofensa ou violação do direito de outrem ficam sujeitos à reparação do dano causado; e, se a ofensa tiver mais de um autor, todos responderão solidariamente pela reparação. Parágrafo único. São solidariamente responsáveis com os autores os coautores e as pessoas designadas no art. 932.

[35] Caracterizada a sucessão empresarial ou de empregadores prevista nos arts. 10 e 448 desta Consolidação, as obrigações trabalhistas, inclusive as contraídas à época em que os empregados trabalhavam para a empresa sucedida, são de responsabilidade do sucessor.

responderá solidariamente com a empresa sucessora pela dívida quando comprovada fraude na transferência.

b) Responsabilidade do sócio – embora a pessoa do sócio não se confunda com a pessoa jurídica da qual participe, seus bens podem responder pela execução, de acordo com o inciso II do art. 790[36] do CPC, quando a empresa não possua bens para satisfazer a execução. Nesse caso, por meio do instituto da desconsideração da personalidade jurídica, o sócio ainda que não tenha participado do processo na fase de conhecimento, poderá ser alvo do redirecionamento da execução, podendo requerer em sua defesa que, primeiramente, sejam executados os bens da empresa (benefício de ordem), indicando à penhora bens livres e desembaraçados da executada, observando a ordem preferencial do art. 835[37] do CPC.

Importante ressaltar que a responsabilidade dos sócios atinge a cada um deles pela dívida integral, facultada a propositura de ação regressiva em relação aos demais sócios.

Na hipótese de sociedade anônima, possível será a responsabilização dos diretores administradores, afastando-se eventual responsabilidade dos acionistas.

Em se tratando de sociedade sem fins lucrativos e entidades filantrópicas classificadas como empregadores por equiparação na forma do disposto

---

[36] São sujeitos à execução os bens: II - do sócio, nos termos da lei;

[37] A penhora observará, preferencialmente, a seguinte ordem: I - dinheiro, em espécie ou em depósito ou aplicação em instituição financeira; II - títulos da dívida pública da União, dos Estados e do Distrito Federal com cotação em mercado; III - títulos e valores mobiliários com cotação em mercado; IV - veículos de via terrestre; V - bens imóveis; VI - bens móveis em geral; VII - semoventes; VIII - navios e aeronaves; IX - ações e quotas de sociedades simples e empresárias; X - percentual do faturamento de empresa devedora; XI - pedras e metais preciosos; XII - direitos aquisitivos derivados de promessa de compra e venda e de alienação fiduciária em garantia; XIII - outros direitos.

no § 1º do art. 2º[38] da CLT, entende-se possível a responsabilização de seus dirigentes em que pesem entendimentos em sentido contrário.

c) Sócio retirante – de acordo com o disposto no art. 10-A[39] da CLT, a responsabilidade subsidiária do sócio retirante extingue-se após dois anos da data da sua retirada, pelo período em que figurou na sociedade e restringe-se às ações propostas até dois anos depois de averbada sua saída[40], exceto na hipótese de fraude em que responderá solidariamente com os demais sócios.

A integração do sócio, para figurar no polo passivo da execução, se fará por meio do incidente de desconsideração da personalidade jurídica

---

[38] Equiparam-se ao empregador, para os efeitos exclusivos da relação de emprego, os profissionais liberais, as instituições de beneficência, as associações recreativas ou outras instituições sem fins lucrativos, que admitirem trabalhadores como empregados.

[39] O sócio retirante responde subsidiariamente pelas obrigações trabalhistas da sociedade relativas ao período em que figurou como sócio, somente em ações ajuizadas até dois anos depois de averbada a modificação do contrato, observada a seguinte ordem de preferência: I- a empresa devedora; II- os sócios atuais; e III- os sócios retirantes. Parágrafo único – O sócio retirante responderá solidariamente com os demais quando ficar comprovada fraude na alteração societária decorrente da modificação do contrato.

[40] "A) AGRAVO DE INSTRUMENTO. RECURSO DE REVISTA. EXECUÇÃO. PROCESSO SOB A ÉGIDE DAS LEIS 13.015/2014 E 13.467/2017. RESPONSABILIDADE DO SÓCIO RETIRANTE. LIMITAÇÃO TEMPORAL. ARTIGO 1.032 DO CC. AJUIZAMENTO DA AÇÃO MAIS DE 2 (DOIS) ANOS APÓS A RETIRADA DA SÓCIA. Demonstrado no agravo de instrumento que o recurso de revista preenchia os requisitos do art. 896 da CLT, quanto ao tema em epígrafe, dá-se provimento ao agravo de instrumento, para melhor análise da arguição de violação do art. 5º, II, da CF, suscitada no recurso de revista. Agravo de instrumento provido. B) RECURSO DE REVISTA. EXECUÇÃO. PROCESSO SOB A ÉGIDE DAS LEIS 13.015/2014 E 13.467/2017. 1. NÃO CONHECIMENTO QUANTO À IMPUGNAÇÃO AO PROCESSO 000494-50-2017-5-10-0102. DECISÕES REFERENTES A PROCESSOS DISTINTOS. IMPUGNAÇÃO SEPARADA. De início, observa-se que o TRT não conheceu do agravo quanto à impugnação ao processo 000494-50-2017-5-10-0102, por fundamentar que cada recurso deve ser interposto de forma separada para cada sentença que pretende impugnar. Diante desse contexto fático, tem-se que a decisão recorrida não contraria o princípio da unirrecorribilidade, que veda a interposição de dois recursos contra a mesma decisão, já que, no caso dos autos, segundo a Corte Regional, as decisões se referem a processos distintos, devendo, dessa forma, ser impugnadas separadamente. Recurso de revista não conhecido, quanto ao tema. 2. RESPONSABILIDADE DO SÓCIO RETIRANTE. LIMITAÇÃO TEMPORAL. ARTIGO 1.032 DO CC. AJUIZAMENTO DA AÇÃO MAIS DE 2 (DOIS) ANOS APÓS A RETIRADA DA SÓCIA. Depreende-se, dos art. 1003 e 1032 do CCB/02, que o sócio retirante responde pelas obrigações do contrato de trabalho contraídas à época em que era sócio e, ainda, por dois anos após a sua saída do quadro societário. A jurisprudência desta Corte, antes mesmo da inovação legislativa do art. 10-A da CLT (trazida com

previsto pelo art. 133[41] e seguintes do CPC, cuja finalidade não é outra senão permitir o exercício do contraditório e ampla defesa do sócio que passará a responder pela execução.

A recente Lei nº 13.467/2017 introduziu no âmbito do processo do trabalho referido instituto por meio do art. 855-A[42] da CLT, determinando a observância dos dispositivos processuais acima apontados e estabelecendo que a instauração do incidente de desconsideração da personalidade jurídica suspenderá o processo sem prejuízo de concessão de eventual tutela de urgência.

d) Bens do cônjuge – podem responder por obrigações de natureza trabalhista porque há a presunção de que as dívidas realizadas pelo outro cônjuge foram em benefício do casal[43].

Dessa forma, ao ser intimado da constrição realizada em seu patrimônio, poderá apresentar embargos à execução (invocando vício da penhora) e embargos de terceiro (visando a liberação dos bens constritos).

e) Devedor subsidiário – a responsabilidade patrimonial secundária e subsidiária traz como consequência a possibilidade de serem executados

---

a Lei 13.467/2017), já era pacífica no sentido de que, ajuizada a reclamação trabalhista no prazo de dois anos após a averbação da retirada do sócio no contrato social, é plenamente válida a sua responsabilização pelas obrigações da sociedade contraídas quando ele ainda a integrava. No caso dos autos, consoante se extrai do acórdão recorrido, " o contrato de trabalho da exequente perdurou de 10/04/2014 a 16/10/2017 e a retirada da sócia Juliana, agora executada, ocorreu em 09/04/2015 ", ao passo que a ação principal foi ajuizada somente em 06/04/2018. Assim, uma vez que a presente reclamação trabalhista foi ajuizada após o prazo decadencial de dois anos previsto no art. 1.032 do Código Civil, resta expirado o prazo para a responsabilização da Sócia Executada. Julgados desta Corte. Recurso de revista conhecido e provido, quanto ao tema" (RR-393-76.2018.5.10.0102, 3ª Turma, Relator Ministro Mauricio Godinho Delgado, DEJT 17/12/2021).

[41] Art. 133. O incidente de desconsideração da personalidade jurídica será instaurado a pedido da parte ou do Ministério Público, quando lhe couber intervir no processo.

[42] Aplica-se ao Processo do Trabalho o incidente de desconsideração da personalidade jurídica previsto nos arts. 133 a 137 da Lei 13.105, de 16 de março de 2015 – Código de Processo Civil.

[43] "INCLUSÃO NO POLO PASSIVO DE CÔNJUGE ALHEIO AOS CRÉDITOS DA PRESENTE LIDE: Com efeito, compulsando os autos, não há elementos robustos e indene de dúvidas de que o produto da atividade empresarial tenha sido usufruído por ambos os cônjuges, tampouco desvio

os bens do devedor subsidiário[44], desde que tenha participado da relação processual e figure no título executivo.

Hipótese frequente surge com o inadimplemento do fornecedor de mão de obra nos serviços terceirizados, em que o tomador de mão de obra responde subsidiariamente, nos termos da Súmula 331 do TST[45].

e) Consórcio de empregadores – assemelhado ao grupo econômico, o consórcio encontra-se previsto por meio da Lei nº 10.256/2001, destinado à área rural, tendo como característica sua natureza contratual

---

de finalidade ou confusão patrimonial entre ambos, sendo irrelevante o mero fato de serem casados sob o regime de comunhão universal de bens. Exegese dos artigos 50, 1667, 1668, do Código Civil, de aplicação subsidiária (CLT, artigo 8°, § 1°) e 592, IV, 790, IV, do CPC, de aplicação subsidiária, por força dos artigos 769 e 889, da CLT. Agravo de petição da trabalhadora, Felismina Maria da Conceição Pessegueiro, improvido pelo Colegiado Julgador". (TRT da 2ª Região; Processo: 0236900-61.2005.5.02.0383; Data: 10/11/2021; Órgão Julgador: 11ª Turma - Cadeira 2 - 11ª Turma; Relator(a): RICARDO VERTA LUDUVICE).

[44] Responsável subsidiário. Momento da execução. A responsabilidade subsidiária nasce com o inadimplemento. (Súmula 331, IV, C. TST e art. 455 da CLT). Inadimplemento é diferente de insolvência e significa não pagamento. Destarte, basta que o devedor principal não pague para que o devedor subsidiário possa ser executado, não se exigindo o esgotamento de bens do primeiro para a responsabilização do segundo. (TRT da 2ª Região; Processo: 1000704-59.2018.5.02.0074; Data: 09/12/2021; Órgão Julgador: 6ª Turma - Cadeira 4 - 6ª Turma; Relator(a): ANTERO ARANTES MARTINS).

[45] CONTRATO DE PRESTAÇÃO DE SERVIÇOS. LEGALIDADE (nova redação do item IV e inseridos os itens V e VI à redação) - Res. 174/2011, DEJT divulgado em 27, 30 e 31/05/2011 I - A contratação de trabalhadores por empresa interposta é ilegal, formando-se o vínculo diretamente com o tomador dos serviços, salvo no caso de trabalho temporário (Lei nº 6.019, de 03.01.1974). II - A contratação irregular de trabalhador, mediante empresa interposta, não gera vínculo de emprego com os órgãos da Administração Pública direta, indireta ou fundacional (art. 37, II, da CF/1988). III - Não forma vínculo de emprego com o tomador a contratação de serviços de vigilância (Lei nº 7.102, de 20/06/1983) e de conservação e limpeza, bem como a de serviços especializados ligados à atividade-meio do tomador, desde que inexistente a pessoalidade e a subordinação direta. IV - O inadimplemento das obrigações trabalhistas, por parte do empregador, implica a responsabilidade subsidiária do tomador dos serviços quanto àquelas obrigações, desde que haja participado da relação processual e conste também do título executivo judicial. V - Os entes integrantes da Administração Pública direta e indireta respondem subsidiariamente, nas mesmas condições do item IV, caso evidenciada a sua conduta culposa no cumprimento das obrigações da Lei n.º 8.666, de 21/06/1993, especialmente na fiscalização do cumprimento das obrigações contratuais e legais da prestadora de serviço como empregadora. A aludida responsabilidade não decorre de mero inadimplemento das obrigações trabalhistas assumidas pela empresa regularmente contratada. VI – A responsabilidade subsidiária do tomador de serviços abrange todas as verbas decorrentes da condenação referentes ao período da prestação laboral.

para utilização de empregados comuns, no que se diferencia do grupo de empresas que envolve diversas unidades que são administradas pela empresa controladora.

Dependendo da prova produzida nos autos, não raras vezes o consórcio é reconhecido como grupo de empresas[46], gerando, portanto, responsabilidade solidária.

g) Contratos de franquia – disciplinada pela Lei nº 13.966/2019 que revogou a Lei nº 8.955/1994, não estabelece responsabilidade trabalhista em relação aos empregados contratados pela empresa franqueada, visto que nesta modalidade contratual existem duas empresas autônomas e independentes, salvo a hipótese em que o contrato de franquia foi utilizado para mascarar verdadeira relação de emprego[47].

---

[46] CONSÓRCIO SOMA. GRUPO ECONÔMICO. As empresas integrantes do CONSÓRCIO atuam conjuntamente, com a liderança de uma delas, para a execução de serviços de interesse em comum/ integrado (limpeza urbana), evidencia que se robustece dos expressos e taxativos temos de seu Instrumento de Constituição, que estipulou a responsabilidade solidária entre as empresas consorciadas, inclusive quanto às obrigações trabalhistas e previdenciárias. Não bastassem as cláusulas do instrumento de constituição do CONSÓRCIO, que atribuem responsabilidade solidária das consorciadas "mesmo após o prazo de duração do CONSÓRCIO", deve ser observado, ainda, que o escopo social, o interesse integrado e a subordinação hierárquica mantiveram-se inalterados, como revela o instrumento social de transformação do CONSÓRCIO. Portanto, diante do reconhecimento do grupo econômico entre a executada principal e a ora agravante, não há que se falar em instauração de incidente de desconsideração de personalidade jurídica. Agravo de petição a que se nega provimento. (TRT da 2ª Região; Processo: 1001418-75.2018.5.02.0605; Data: 02/09/2021; Órgão Julgador: 17ª Turma - Cadeira 2 - 17ª Turma; Relator(a): MARIA DE LOURDES ANTONIO).

[47] Contrato de franquia. Relação de trabalho. Desvirtuamento. Presença dos requisitos da relação de emprego. Embora o sistema de franquia empresarial não caracterize vínculo empregatício em relação ao franqueado ou a seus empregados, não há obstáculo ao reconhecimento da relação de emprego, quando presentes os requisitos dos artigos 2º e 3º da CLT. Hipótese em que o trabalhador atuava sob subordinação, sujeito a cobrança e prestação de contas ao seu superior hierárquico, caracterizando nítida relação de emprego. (TRT da 2ª Região; Processo: 1000622-02.2020.5.02.0060; Data: 10/09/2021; Órgão Julgador: 13ª Turma - Cadeira 2 - 13ª Turma; Relator(a): RAFAEL EDSON PUGLIESE RIBEIRO).

DESCONSIDERAÇÃO DA PERSONALIDADE JURÍDICA/INCIDENTE DE DESCONSIDERAÇÃO DA PERSONALIDADE JURÍDICA

No Direito do Trabalho brasileiro, sempre houve muita resistência na aplicação da *disregard doctrine*, na medida em que as decisões se fundamentavam na atribuição da responsabilidade direta dos sócios atuais e pretéritos, sem muitos critérios de distinção e por simples decisão do magistrado condutor da execução determinava-se o prosseguimento da execução.

A partir da vigência do Código de Defesa do Consumidor, inicia-se, no âmbito do processo do trabalho, uma evolução do instituto por meio da aplicação do disposto no art. 28[48] do mesmo diploma legal e, posteriormente, com a promulgação do novo Código Civil, aplicável subsidiariamente ao processo do trabalho, indagava-se diante das posições divergentes: seguir o velho sistema, com a aplicação do art. 28 do CDC ou adotar o novo sistema oriundo do art. 50 do CC[49]?

8.1 Responsabilidade civil e seus desdobramentos

Perante o ordenamento legal, a noção da responsabilidade como consequência jurídica surge em decorrência da prática de ato ou comportamento contrário à norma, encontrando-se fundada na existência de culpa, critério que mantido pelo novo Código Civil estabelece a responsabilidade civil subjetiva como regra e a objetiva como exceção.

Na conformidade do disposto no art. 186 do CC[50], a existência do dever de indenizar exige que sejam reunidos os seguintes elementos: dano, nexo de causalidade entre o fato e o dano e culpa *lato sensu* (imprudência, negligência ou imperícia) ou dolo.

Ao lado do sistema geral, foi estabelecido pelo legislador um sistema excepcional, baseado na responsabilidade objetiva, encontrando seu fundamento na teoria do risco.

---

[48] O juiz poderá desconsiderar a personalidade jurídica da sociedade quando, em detrimento do consumidor, houver abuso de direito, excesso de poder, infração da lei, fato ou ato ilícito ou violação dos estatutos ou contrato social. A desconsideração também será efetivada quando houver falência, estado de insolvência, encerramento ou inatividade da pessoa jurídica provocados por má administração.

[49] Em caso de abuso da personalidade jurídica, caracterizado pelo desvio de finalidade ou pela confusão patrimonial, pode o juiz, a requerimento da parte, ou do Ministério Público quando lhe couber intervir no processo, desconsiderá-la para que os efeitos de certas e determinadas relações de obrigações sejam estendidos aos bens particulares de administradores ou de sócios da pessoa jurídica beneficiados direta ou indiretamente pelo abuso.

[50] Aquele que, por ação ou omissão voluntária, negligência ou imprudência, violar direito e causar dano a outrem, ainda que exclusivamente moral, comete ato ilícito.

Nessas condições, a responsabilidade da pessoa física por atos praticados pela pessoa jurídica em razão da violação do princípio da autonomia patrimonial encontra seu fundamento no abuso do direito, ou seja, a prática de atos abusivos, utilização anormal ou desvio da finalidade, são situações concretas escolhidas pelo legislador para limitar as prerrogativas que concedeu aos mesmos; se de referidas atitudes contrárias à boa e séria administração da entidade resultar danos a terceiros, os administradores da pessoa jurídica serão chamados a responder solidariamente para reparar o dano causado.

A desconsideração da personalidade jurídica tem sido discutida com ênfase pela doutrina e jurisprudência especializadas, que dividem seus entendimentos entre as teorias denominadas Maior, a exigir a comprovação de desvio de finalidade da pessoa jurídica ou a confusão patrimonial e a Menor, decorrente da insolvência do devedor, sendo assim aplicada no processo do trabalho.

Importante lembrar que a teoria da desconsideração da personalidade jurídica poderá ser aplicada de forma "inversa", atingindo-se o patrimônio da pessoa jurídica, quando a pessoa física que a integra praticar o esvaziamento fraudulento do seu patrimônio pessoal.

8.2 Responsabilidade trabalhista e seus desdobramentos

A responsabilidade na esfera do Direito do Trabalho encontra-se prevista pelas disposições do § 2º do art. 2º da CLT[51], alterado pela Lei nº 13.467/2017 que direcionou seus efeitos para um sistema de ordem de responsabilidades, visto que o ordenamento celetista, ao regulamentar

[51] Sempre que uma ou mais empresas, tendo, embora, cada uma delas, personalidade jurídica própria, estiverem sob a direção, controle ou administração de outra, ou ainda quando, mesmo guardando cada uma sua autonomia, integrem grupo econômico, serão responsáveis solidariamente pelas obrigações decorrentes da relação de emprego.

as relações de emprego, considerou o princípio da continuidade do contrato de trabalho, acolhendo o princípio da responsabilidade em relação aos contratos de trabalho mantidos com empresas do mesmo grupo econômico, sob fundamento de que o empregado se encontra vinculado à empresa ou ao empreendimento econômico, os quais serão solidariamente responsáveis pelas obrigações assumidas, desde que vinculadas por uma relação de subordinação ou coordenação econômica.

Por conseguinte, a caracterização do grupo econômico reside no fato de as empresas estarem sujeitas à mesma administração ou coordenação de administrações, entre empresas que tenham objetivos comuns ou atividades voltadas a realização de um objetivo comum.

Antes da vigência da Lei nº 13.467/2017 denominada Reforma Trabalhista, os entendimentos jurisprudenciais se dividiam quanto a conceituação e reconhecimento da existência do grupo econômico e a prática de se considerar responsáveis todos os sócios e ex-sócios, solidariamente com a empresa executada, com fundamento na aplicação do princípio da continuidade da relação de emprego, cuja base fundava-se nas disposições dos arts. 10 e 448 da CLT, considerando que eventuais alterações ocorridas na estrutura da empresa não se revelariam capazes de interferir nos contratos de trabalho em curso; referidas regras legais receberam novos regramentos em decorrência da inserção dos arts. 10-A e 448-A, por meio do mesmo diploma legal apontado.

8.3 Responsabilidade dos sócios e ex-sócios

A rígida separação entre a personalidade da empresa e a de seus sócios com a respectiva separação patrimonial não constitui regra absoluta, na medida em que, se demonstrados determinados requisitos legais, o patrimônio dos sócios ou ex-sócios poderá responder pelas dívidas da sociedade[52], com o rompimento do princípio da autonomia patrimonial, diante da concretização de eventual abuso de direito, com utilização da pessoa jurídica de modo contrário à finalidade que assegura a sua existência.

A imposição de responsabilidade ao sócio ou ex-sócio não ocorre automaticamente, mas necessita observar as regras do devido processo legal, por meio do instrumento próprio, introduzido no sistema pátrio pelo CPC, denominado incidente de desconsideração da personalidade jurídica.

Por meio de referido incidente, assegura-se ao sócio que poderá ser responsabilizado por dívida da empresa o direito de "exigir que primeiro sejam excutidos os bens da sociedade" e alegar benefício de ordem, indicando em primeiro lugar bens da sociedade para a quitação da dívida.

A partir da vigência do CPC/2015 e da Resolução 203 de 15/03/2016 do TST, os procedimentos para sócios e ex-sócios impugnarem as constrições em seus patrimônios pessoais por dívidas da sociedade foram pacificados com a introdução do incidente de desconsideração da personalidade jurídica.

Antes da promulgação da Lei nº 13.467/2017, a instauração do incidente de desconsideração da personalidade jurídica encontrava-se regulamentada no processo do trabalho apenas por força da Resolução 203/2016 do TST, como procedimento necessário para apuração das

---

[52] SÓCIO. RESPONSABILIDADE PATRIMONIAL. Nos termos dos artigos 10-A da CLT e 790 do CPC, há responsabilidade executiva patrimonial secundária do sócio/ex-sócio na inexistência de lastro da pessoa jurídica.(TRT da 2ª Região; Processo: 1001407-81.2020.5.02.0021; Data: 17/12/2021; Órgão Julgador: 3ª Turma - Cadeira 5 - 3ª Turma; Relator(a): ROSANA DE ALMEIDA BUONO).

responsabilidades patrimoniais das pessoas físicas por obrigações das pessoas jurídicas nas quais participavam na condição de sócios.

Nesse interregno, os procedimentos na fase de execução não eram uniformes quanto à instauração do respectivo incidente, passando a ser positivado por meio da Lei nº 13.467/2017, com a introdução da regra contida no art. 855-A da CLT[53].

8.4 Do incidente de desconsideração da personalidade jurídica

Como se verificou, a responsabilidade pelo pagamento da dívida trabalhista poderá ser atribuída à empresa empregadora, seu sucessor ou do grupo econômico, esclarecendo-se que, se o devedor, responsável direto, não satisfizer o pagamento do crédito trabalhista, desconsiderar-se-á a personalidade jurídica, responsabilizando-se o sócio atual ou sócio retirante.

Importante ressaltar que essa transferência de responsabilidade não é automática, na medida em que necessita observar os princípios constitucionais da ampla defesa e o exercício do devido processo legal, garantindo-se o benefício de ordem, próprio da responsabilidade subsidiária.

Não raras vezes, o magistrado condutor da execução no passado direcionava a execução ao sócio ou ex-sócio da empresa executada, sob a presunção de fraude ou mesmo de insolvência do devedor, o qual, geralmente, só tomava conhecimento desse fato através do bloqueio de seus recursos financeiros.

[53] Aplica-se ao processo do trabalho o incidente de desconsideração da personalidade jurídica previsto nos arts. 133 a 137 da Lei nº 13.105, de 16 de março de 2015 - Código de Processo Civil.

Porém, a partir da vigência do CPC/2015 e, mais recentemente, do art. 855-A da CLT[54], o sócio atual ou retirante, se chamado a responder pelo pagamento da dívida trabalhista da pessoa jurídica, terá seu direito de defesa assegurado através do incidente de desconsideração de personalidade jurídica, com observância da garantia do devido processo legal, contraditório e da ampla defesa.

Referido incidente, objetiva garantir que a pessoa física possa, primeiramente, exigir a execução dos bens da pessoa jurídica, devendo, para tanto, indicar bens da executada e respectivo local em que os mesmos se encontram para satisfação da obrigação trabalhista.

Na execução trabalhista, uma vez considerado o inadimplemento da obrigação pelo devedor direito e inexistindo bens da pessoa jurídica que suportem a satisfação do crédito, o magistrado poderá, de oficio ou a requerimento do exequente, determinar a desconsideração da personalidade jurídica, impondo tal encargo ao sócio ou ex-sócio, sem a necessidade de comprovação de que estes concorreram para a insolvência do empreendimento, pois suficiente apenas a inadimplência da obrigação.

Referido entendimento funda-se na aplicação da teoria menor, regulada pelo art. 28 do CDC e aplicável subsidiariamente ao processo do trabalho[55]. Porém, para os adeptos da teoria Maior, com aplicação do

---

[54] INCIDENTE DE DESCONSIDERAÇÃO DA PERSONALIDADE JURÍDICA. A inclusão dos sócios ao polo passivo, para o fim de responderem pela satisfação do crédito exequendo, quando a pessoa jurídica demandada não possui bens bastante ou se furta ao cumprimento da execução, exige a prévia instauração e o regular processamento do incidente de desconsideração da personalidade jurídica, na forma disciplinada pelos artigos 133 e seguintes do CPC, cuja aplicação em sede processual trabalhista é determinada pelo art. 855-A da CLT, vigente desde 11/11/2017. (TRT da 2ª Região; Processo: 0000265-41.2017.5.02.0255; Data: 10/12/2021; Órgão Julgador: 17ª Turma - Cadeira 5 - 17ª Turma; Relator(a): ALVARO ALVES NOGA).

[55] EXECUÇÃO. INCIDENTE DE DESCONSIDERAÇÃO DA PERSONALIDADE JURÍDICA DO DEVEDOR PRINCIPAL. POSSIBILIDADE. A jurisprudência dominante nesta justiça especializada, considerando a premência dos direitos por ela tutelados, cuja natureza é alimentar, sedimentou firme entendimento de que o incidente de desconsideração da personalidade jurídica, no processo do trabalho,

art. 50 do CC, o procedimento estaria sujeito à necessária provocação da parte ou Ministério Púbico e somente nas hipóteses disciplinadas no referido dispositivo, por meio de declaração do magistrado, após a instrução e apreciação do incidente sob estudo.

Em qualquer das hipóteses, a pessoa física chamada a responder pela obrigação trabalhista terá o direito de excussão, ou seja, de indicar bens livres e desembaraçados da pessoa jurídica para que sejam atingidos pela execução antes mesmo da expropriação dos seus próprios bens.

Importante realçar que, desconsiderada a personalidade da pessoa jurídica, a responsabilidade entre as pessoas físicas e a pessoa jurídica passa a ser solidária, valendo dizer que o patrimônio de qualquer delas responderá pela obrigação trabalhista.

A partir da aplicação das novas regras trazidas pela Lei nº 13.467/2017, a responsabilidade do ex-sócio pelas dívidas sociais fica limitada ao período em que figurou como sócio, somente nas ações ajuizadas até dois anos depois de averbada a modificação do contrato social, observada a seguinte ordem de preferência: I – a empresa devedora; II – os sócios atuais; III – os sócios retirantes.

A norma contida no art. 855-A da CLT faz referência ao disposto nos arts. 133 a 137 do CPC, que, ao tratar do incidente de

---

deve seguir a "teoria menor da desconsideração", consagrada no parágrafo 5º do artigo 28 da Lei 8.078/1990 (Lei de Defesa do Consumidor). Assim, o fato de a pessoa jurídica não possuir bens suficientes para a satisfação do crédito exequendo, ou mesmo se opor injustificadamente à execução ou se encontrar em recuperação judicial, já é suficiente para autorizar a desconsideração de sua personalidade e possibilitar que os atos executórios se voltem contra o patrimônio da pessoa física de seus sócios, sendo desnecessária a produção de prova de que tenha ocorrido desvio de finalidade, confusão patrimonial ou qualquer outra causa dentre as arroladas no caput do antes já citado artigo 28 da Lei de Defesa do Consumidor e 50 do Código Civil. Agravo de petição a que se nega provimento para manter inalterada a decisão que incluiu os agravantes no polo passivo da demanda, para responder pela execução.(TRT da 2ª Região; Processo: 1001425-27.2017.5.02.0080; Data: 17/12/2021; Órgão Julgador: 18ª Turma - Cadeira 1 - 18ª Turma; Relator(a): RILMA APARECIDA HEMETERIO).

desconsideração da personalidade jurídica, concebe-o como incidente processual, cabível nas fases de conhecimento, no cumprimento da sentença e na execução fundada em título executivo extrajudicial, com suspensão do feito, salvo se a desconsideração da personalidade jurídica for requerida na peça vestibular.

Constata-se que a desconsideração da personalidade jurídica constitui medida excepcional, posto que, em condições normais e ordinárias, preserva-se a personalidade jurídica e a responsabilidade da sociedade que celebrou o negócio jurídico e sujeita-se ao preenchimento de requisitos determinados, tais como o estado de insolvência, danos provocados pela pessoa jurídica, obstáculos ao ressarcimento de prejuízos causados e, especificamente, no processo do trabalho, a falta de pagamento do crédito do trabalhador.

O novo dispositivo legal autoriza que a execução seja dirigida contra os sócios e ex-sócios, mediante requerimento do reclamante exequente para instauração do incidente de desconsideração de personalidade jurídica, nele incluindo os nomes daqueles que entende responsáveis pelas dívidas da empresa executada.

Instaurado o incidente, o sócio ou pessoa jurídica será citada para manifestação no prazo de 15 dias, quando poderá impugnar os fatos que lhe são imputados, juntar documentos e requerer a produção de provas que entender necessárias.

Concluída a instrução, o incidente será resolvido mediante prolação de decisão interlocutória, da qual não caberá qualquer recurso imediato se o incidente tramitar na fase de conhecimento, sendo cabível, nesta hipótese, a apresentação de recurso ordinário contra a sentença de mérito, com encaminhamento do feito ao TRT.

Porém, na hipótese de instauração do incidente de desconsideração da personalidade jurídica na fase de execução de sentença, da decisão prolatada caberá agravo de petição, no prazo de 8 dias, independentemente de garantia do juízo. Se instaurado o incidente originariamente no Tribunal, caberá agravo interno da decisão proferida pelo relator.

Ressalte-se que a instauração do incidente, embora provoque a suspensão do processo, não prejudicará eventual concessão de tutela de urgência, se for o caso.

Somente após o trânsito em julgado da decisão que acolheu o incidente de desconsideração da personalidade jurídica, o patrimônio do responsável apontado poderá ser objeto de constrição, alertando-se que eventual alienação ou oneração de bens praticada em fraude à execução será considerada ineficaz.

Conclui-se, pois, que o incidente de desconsideração da personalidade jurídica aplicado ao processo do trabalho implica maior segurança jurídica para os sócios ou ex-sócios das empresas executadas, na medida em que conduz à oportunidade para apresentação de defesa e produção de provas, para ao final ser julgada sua responsabilidade.

LIQUIDAÇÃO DE SENTENÇA NO PROCESSO DO TRABALHO

Proferida a sentença no processo de conhecimento, nova fase processual se inicia com a liquidação da sentença. Ainda que a decisão proferida seja líquida, haverá necessidade da liquidação da sentença, na medida em que a demora no curso do processo de conhecimento implicará a atualização e cômputo dos juros incidentes sobre os valores postulados na inicial, sendo, portanto, imprescindível a utilização do referido mecanismo.

Para que se dê início à fase de execução do processo, necessário será o acertamento do título executivo, conferindo-lhe liquidez e certeza quanto aos valores que não tenham sido expressos numericamente na sentença de mérito.

Pode-se afirmar, assim, que a liquidação tem por finalidade aparelhar o título executivo para permitir sua execução e se fará pela seguinte forma, de acordo com o disposto no art. 879 da CLT[56] :

a. por cálculos, quando a apuração dos valores depender de simples operação aritmética;
b. por arbitramento, se houver determinação na sentença nesse sentido, por convenção entre as partes, ou se inexistirem nos autos elementos suficientes para a liquidação do julgado; nesta hipótese, a liquidação, normalmente, é desenvolvida com auxílio de perícia contábil;
c. por artigos, quando houver necessidade de se provar fato novo, não identificado na fase de conhecimento, mas determinável na fase específica.

Em qualquer das modalidades acima apontadas, haverá de ser observado o princípio do contraditório, permitindo-se que as partes possam manifestar sua concordância ou discordância quanto aos valores obtidos, inclusive quanto às contribuições previdenciárias.

Dessa forma, segundo a regra contida no § 1º-B do art. 879 da CLT[57], as partes serão intimadas para apresentação da conta de liquidação, inclusive da parcela previdenciária incidente, juntados por meio do PJ-e-Calc, segundo determinação contida no § 6º do art. 22 da Resolução 185/17 do CSJT.

Elaborada a conta e obtido o valor líquido do crédito, o juiz abrirá prazo comum às partes para impugnação fundamentada em 8 dias, indicando os itens e valores objeto da discordância, sob pena

---

[56] Sendo ilíquida a sentença exequenda, ordenar-se-á, previamente, a sua liquidação, que poderá ser feita por cálculo, por arbitramento ou por artigos.

[57] § 1º-B. As partes deverão ser previamente intimadas para a apresentação do cálculo de liquidação, inclusive da contribuição previdenciária incidente.

de preclusão, valendo dizer que as impugnações genéricas serão rejeitadas (§ 2º do art. 879[58] da CLT)[59].

Ato contínuo será intimado o INSS para manifestação sobre os cálculos da contribuição previdenciária em 10 dias, sob pena de preclusão (§3º do art. 879 da CLT[60]).

Necessário realçar que a ausência de manifestação das partes ou do INSS quanto à apresentação de eventual incorreção nos cálculos acarretará a preclusão da matéria de fato discutida, posto que a matéria de direito não se sujeita à preclusão.

De igual forma, o silêncio do autor em responder à intimação para apresentação dos cálculos do seu crédito, se decorridos dois anos, acarretará o reconhecimento da prescrição intercorrente, esclarecendo-se que referida prescrição não incidirá na hipótese de o recorrente não se encontrar assistido por advogado, pois no exercício do *jus postulandi*.

Havendo manifestação das partes quanto à conta de liquidação, o juiz decidirá as impugnações apresentadas e fixará o valor da

---

[58] Tratando-se de cálculos de liquidação complexos, o juiz poderá nomear perito para a elaboração e fixará, depois da conclusão do trabalho, o valor dos respectivos honorários com observância, entre outros, dos critérios de razoabilidade e proporcionalidade.

[59] IMPUGNAÇÃO AOS CÁLCULOS DE LIQUIDAÇÃO. VISTAS ÀS PARTES. PRECLUSÃO. O artigo 879, § 2º, da CLT preceitua que: "Elaborada a conta e tornada liquida, o juízo deverá abrir às partes prazo comum de oito dias para impugnação fundamentada com a indicação dos itens e valores objeto da discordância, sob pena de preclusão". A finalidade legal é a de imprimir maior celeridade ao processo de execução trabalhista, de forma que o artigo 884, § 3º, da CLT deve ser interpretado em consonância com o parágrafo 2º, do artigo 879, do mesmo diploma legal, pelo que cumprindo o juiz a determinação de abrir vista às partes, o exequente deveria (não é opcional), sob pena de ver o direito de impugnar os cálculos fulminado pela preclusão, impugnar a conta ofertada pelo Perito Judicial. Assim, não tendo o reclamante impugnado os valores homologados no prazo concedido pelo Juízo originário, operou-se, portanto, a preclusão, de forma que não deve ser reformada a r. decisão agravada. Agravo de petição a que se nega provimento. (TRT da 2ª Região; Processo: 0000956-65.2011.5.02.0061; Data: 16/12/2021; Órgão Julgador: 18ª Turma - Cadeira 2 - 18ª Turma; Relator(a): IVETE BERNARDES VIEIRA DE SOUZA).

[60] Elaborada a conta pela parte ou pelos órgãos auxiliares da Justiça do Trabalho, o juiz procederá à intimação da União para manifestação, no prazo de 10 (dez) dias, sob pena de preclusão.

execução por sentença, que não será recorrível de imediato, segundo o disposto no § 3º do art. 884[61] da CLT, podendo o recorrente apresentar sua impugnação por meio da denominada impugnação à conta de liquidação e o recorrido através de embargos.

Ao contrário, a sentença de liquidação poderá ser recorrível de imediato no caso de extinção do processo, mediante a apresentação de agravo de petição pela parte que se sentir prejudicada com sentença proferida.

Se a liquidação de sentença apresentar complexidade, necessitando para sua apuração a realização de perícia e consequente apresentação de laudo pericial (§ 6º do art. 879 da CLT[62]), as partes serão intimadas para apresentação de eventual impugnação, após o que o magistrado decidirá pelo acolhimento ou rejeição do laudo.

Responsável pelo pagamento dos honorários do perito será o sucumbente no objeto da perícia, de acordo com o disposto no art. 790-B[63] da CLT, salvo se houver sucumbência parcial, hipótese em que a responsabilidade será atribuída à recorrida, enquanto que a remuneração do assistente técnico será de responsabilidade da parte que o indicou, ao rigor do disposto na Súmula 431 do TST :

[61] Somente nos embargos à penhora poderá o executado impugnar a sentença de liquidação, cabendo ao exequente igual direito e no mesmo prazo.

[62] Tratando-se de cálculos de liquidação complexos, o juiz poderá nomear perito para a elaboração e fixará, depois da conclusão do trabalho, o valor dos respectivos honorários com observância, entre outros, dos critérios de razoabilidade e proporcionalidade.

[63] A responsabilidade pelo pagamento dos honorários periciais é da parte sucumbente na pretensão objeto da perícia, ainda que beneficiária da justiça gratuita.

HONORÁRIOS DO ASSISTENTE TÉCNICO - A indicação do perito assistente é faculdade da parte, a qual deve responder pelos respectivos honorários, ainda que vencedora no objeto da perícia.

Se a hipótese estiver fundada em liquidação por artigos e considerando a ausência de qualquer disciplina a respeito da CLT, haverá de ser aplicado o art. 509, II,[64] do CPC.

[64] Quando a sentença condenar ao pagamento de quantia ilíquida, proceder-se-á à sua liquidação, a requerimento do credor ou do devedor :II - pelo procedimento comum, quando houver necessidade de alegar e provar fato novo.

EXECUÇÃO PROVISÓRIA

A execução poderá ser realizada de forma provisória, quando pendente de recurso ordinário encaminhado ao TRT relativamente à sentença proferida, valendo dizer que nesta hipótese o credor da obrigação não poderá receber o valor da condenação[65], diante da regra contida no art. 899 da CLT[66], que determina a suspensão dos

[65] DIFERENÇAS ENTRE JUROS BANCÁRIOS E TRABALHISTAS. EXECUÇÃO PROVISÓRIA. A execução provisória é promovida por interesse do credor e somente vai até a penhora (artigo 899, da CLT). Portanto, a não liberação de valores antes do trânsito em julgado não ocorreu por culpa do devedor, mas por óbice legal. Após o trânsito em julgado não houve intenção do executado em frustrar a satisfação do crédito exequendo, tanto que não houve a oposição de embargos à execução, de forma que não são devidas diferenças de juros. (TRT da 2ª Região; Processo: 0000238-85.2012.5.02.0044; Data: 09/12/2021; Órgão Julgador: 18ª Turma - Cadeira 2 - 18ª Turma; Relator(a): IVETE BERNARDES VIEIRA DE SOUZA).

[66] Os recursos serão interpostos por simples petição e terão efeito meramente devolutivo, salvo as exceções previstas neste Título, permitida a execução provisória até a penhora.

atos executivos após a garantia do juízo mediante a penhora de bens do executado[67].

Assim sendo, o exequente poderá requerer a execução provisória, observando o disposto no art. 522 do CPC[68] para formação da Carta de Sentença, já que a CLT não dispõe de regramento nesse sentido, em virtude do que a disciplina processual contida no art. 520[69] e seguintes do CPC são aplicáveis ao processo do trabalho, alertando-se que diante da nova redação do art. 878 da CLT[70], resulta incabível a execução provisória *ex officio.*

---

[67] Execução provisória. Atos constritivos limitados até a penhora. Tratando-se de execução provisória de sentença, os atos constritivos prosseguem até à penhora subsistente, e não simplesmente até o termo de lavratura da penhora. Aplicação do art. 899, da CLT. (TRT da 2ª Região; Processo: 1000391-28.2018.5.02.0065; Data: 17/11/2021; Órgão Julgador: 13ª Turma - Cadeira 2 - 13ª Turma; Relator(a): RAFAEL EDSON PUGLIESE RIBEIRO).

[68] O cumprimento provisório da sentença será requerido por petição dirigida ao juízo competente. Parágrafo único. Não sendo eletrônicos os autos, a petição será acompanhada de cópias das seguintes peças do processo, cuja autenticidade poderá ser certificada pelo próprio advogado, sob sua responsabilidade pessoal: I - decisão exequenda; II - certidão de interposição do recurso não dotado de efeito suspensivo; III - procurações outorgadas pelas partes; IV - decisão de habilitação, se for o caso; V - facultativamente, outras peças processuais consideradas necessárias para demonstrar a existência do crédito.

[69] O cumprimento provisório da sentença impugnada por recurso desprovido de efeito suspensivo será realizado da mesma forma que o cumprimento definitivo, sujeitando-se ao seguinte regime: I - corre por iniciativa e responsabilidade do exequente, que se obriga, se a sentença for reformada, a reparar os danos que o executado haja sofrido; II - fica sem efeito, sobrevindo decisão que modifique ou anule a sentença objeto da execução, restituindo-se as partes ao estado anterior e liquidando-se eventuais prejuízos nos mesmos autos; III - se a sentença objeto de cumprimento provisório for modificada ou anulada apenas em parte, somente nesta ficará sem efeito a execução; IV - o levantamento de depósito em dinheiro e a prática de atos que importem transferência de posse ou alienação de propriedade ou de outro direito real, ou dos quais possa resultar grave dano ao executado, dependem de caução suficiente e idônea, arbitrada de plano pelo juiz e prestada nos próprios autos.

[70] A execução será promovida pelas partes, permitida a execução de ofício pelo juiz ou pelo Presidente do Tribunal apenas nos casos em que as partes não estiverem representadas por advogado.

Discussão frequente refere-se à possibilidade de penhora em dinheiro na execução provisória, cuja solução foi dada pelo entendimento majoritário contida na Súmula 417 do TST[71], validando a penhora em dinheiro e bloqueio de contas bancárias na execução provisória.

[71] MANDADO DE SEGURANÇA. PENHORA EM DINHEIRO (alterado o item I, atualizado o item II e cancelado o item III, modulando-se os efeitos da presente redação de forma a atingir unicamente as penhoras em dinheiro em execução provisória efetivadas a partir de 18/03/2016, data de vigência do CPC de 2015) - Res. 212/2016, DEJT divulgado em 20, 21 e 22/09/2016. I - Não fere direito líquido e certo do impetrante o ato judicial que determina penhora em dinheiro do executado para garantir crédito exequendo, pois é prioritária e obedece à gradação prevista no art. 835 do CPC de 2015 (art. 655 do CPC de 1973). II - Havendo discordância do credor, em execução definitiva, não tem o executado direito líquido e certo a que os valores penhorados em dinheiro fiquem depositados no próprio banco, ainda que atenda aos requisitos do art. 840, I, do CPC de 2015 (art. 666, I, do CPC de 1973). (ex-OJ nº 61 da SBDI-2 - inserida em 20/09/2000).

EXECUÇÃO TRABALHISTA E SEUS TRÂMITES

A execução no processo do trabalho compreende a reunião de diversas fases, resumidamente elencadas a seguir:

Inicia-se com a definição do valor do crédito exequendo por meio da liquidação de sentença, na conformidade da regra contida no art. 879 da CLT[72], lembrando-se que a conta de liquidação deve incluir as contribuições previdenciárias, segundo o disposto no § 1º-A[73] do mesmo dispositivo legal;

Superados os inúmeros incidentes próprios dessa fase de acertamento do valor exequendo e fixado o valor crédito, o executado será citado para pagamento, podendo oferecer a necessária garantia do

[72] Sendo ilíquida a sentença exequenda, ordenar-se-á, previamente, a sua liquidação, que poderá ser feita por cálculo, por arbitramento ou por artigos.

[73] A. A liquidação abrangerá, também, o cálculo das contribuições previdenciárias devidas.

juízo ou, resistindo ao cumprimento do comando legal, sofrer penhora de seu patrimônio, em face da regra contida no art. 880 da CLT[74];

Na hipótese de não cumprir o executado o comando da sentença que lhe impôs o pagamento de determinado valor ao exequente, sofrerá a constrição de bens suficientes à satisfação da obrigação, de acordo com o disposto nos arts. 882[75] e 883[76] da CLT;

Garantido o juízo, o executado poderá defender-se através de embargos ou impugnar a conta de liquidação de acordo com o disposto no art. 884[77] e § 1º[78], respectivamente da CLT;

Finalizada a fase de defesa na execução, os bens penhorados serão vendidos em hasta pública para, com o produto arrecadado, realizar-se o pagamento do exequente em face do disposto no art. 888[79] da CLT.

Importante atentar para a possibilidade de liberação do depósito recursal ao exequente em razão do disposto no § 1º do art. 899 da

---

[74] Requerida a execução, o juiz ou presidente do tribunal mandará expedir mandado de citação do executado, a fim de que cumpra a decisão ou o acordo no prazo, pelo modo e sob as cominações estabelecidas, ou, quando se tratar de pagamento em dinheiro, inclusive de contribuições sociais devidas à União, para que o faça em 48 horas (quarenta e oito) horas ou garanta a execução sob pena de penhora.

[75] O executado que não pagar a importância reclamada poderá garantir a execução mediante depósito da quantia correspondente, atualizada e acrescida das despesas processuais, apresentação de seguro-garantia judicial ou nomeação de bens à penhora, observada a ordem preferencial estabelecida no art. 835 da Lei no 13.105, de 16 de março de 2015 - Código de Processo Civil.

[76] Não pagando o executado, nem garantindo a execução, seguir-se-á penhora dos bens, tantos quantos bastem ao pagamento da importância da condenação, acrescida de custas e juros de mora, sendo estes, em qualquer caso, devidos a partir da data em que for ajuizada a reclamação inicial.

[77] Garantida a execução ou penhorados os bens, terá o executado 5 (cinco) dias para apresentar embargos, cabendo igual prazo ao exequente para impugnação.

[78] Somente nos embargos à penhora poderá o executado impugnar a sentença de liquidação, cabendo ao exequente igual direito e no mesmo prazo.

[79] Concluída a avaliação, dentro de dez dias, contados da data da nomeação do avaliador, seguir-se-á a arrematação, que será anunciada por edital afixado na sede do juízo ou tribunal e publicado no jornal local, se houver, com a antecedência de 20 (vinte) dias.

CLT[80], caso tenha havido recurso por parte do reclamado após a prolação da sentença de mérito. Via de consequência, o valor do depósito recursal existente nos autos deverá ser abatido do valor devido ao exequente.

Ressalte-se, também, que, na execução trabalhista, a citação do executado é pessoal e será realizada por oficial de justiça, diversamente do que ocorre no processo civil que permite que a intimação do início da execução seja realizada na pessoa de seu advogado, de acordo com a regra contida nos §§ 1º e 2º art. 513 do CPC[81].

---

[80] Sendo a condenação de valor até 10 (dez) vezes o salário-mínimo regional, nos dissídios individuais, só será admitido o recurso inclusive o extraordinário, mediante prévio depósito da respectiva importância. Transitada em julgado a decisão recorrida, ordenar-se-á o levantamento imediato da importância de depósito, em favor da parte vencedora, por simples despacho do juiz.

[81] O cumprimento da sentença será feito segundo as regras deste Título, observando-se, no que couber e conforme a natureza da obrigação, o disposto no Livro II da Parte Especial deste Código. § 1º O cumprimento da sentença que reconhece o dever de pagar quantia, provisório ou definitivo, far-se-á a requerimento do exequente. § 2º O devedor será intimado para cumprir a sentença: I - pelo Diário da Justiça, na pessoa de seu advogado constituído nos autos; II - por carta com aviso de recebimento, quando representado pela Defensoria Pública ou quando não tiver procurador constituído nos autos, ressalvada a hipótese do inciso IV; III - por meio eletrônico, quando, no caso do § 1º do art. 246, não tiver procurador constituído nos autos IV - por edital, quando, citado na forma do art. 256 , tiver sido revel na fase de conhecimento.

PENHORA E SEUS INCIDENTES

A execução de sentença constitui mecanismo próprio de que se vale o Poder Judiciário para obrigar o devedor a cumprir determinada obrigação que lhe foi imposta através de sentença proferida em processo de conhecimento, transitada em julgado e cuja satisfação não foi realizada voluntariamente.

Com efeito, no processo de conhecimento, discute-se o direito e, uma vez definido este, passa-se à liquidação de sentença com a finalidade de apuração do valor devido, habilitando o exequente à utilização da execução forçada do título judicial (sentença ou acordo não cumprido) ou extrajudicial (termos de ajuste firmados perante o Ministério Público do Trabalho e termos de conciliação firmados perante as Comissões de Conciliação Prévia).

A satisfação do exequente decorre do mais importante princípio processual desta fase, qual seja, o da efetividade da execução, que se realiza no interesse do credor ao qual se opõe o princípio da menor onerosidade do devedor.

Portanto, encontram-se interesses contrapostos e legalmente legítimos: do exequente, o direito de ver cumprida a decisão judicial e do executado, de que a execução se processe pela forma menos gravosa, de acordo com a norma inserta no artigo 805 do CPC[82].

Para melhor andamento da execução, deve-se dar preferência à constrição de bens que possam ser alienados com facilidade e que produzam melhores resultados financeiros na venda judicial a ser realizada, evitando-se, tanto quanto possível, a falta de interessados na aquisição dos bens penhorados ou bens que não despertem a atenção de possíveis compradores.

Como se observa, a penhora do patrimônio do executado constitui ato de maior importância, pois diretamente ligada ao resultado da própria execução, lembrando-se que quando a constrição recair sobre bens que não se revistam de interesse para imediata arrematação ou adjudicação, o resultado obtido será, regra geral, a ocorrência da praça negativa.

Portanto, a penhora corresponde à apreensão física dos bens do executado para a satisfação do julgado, que dará início aos procedimentos próprios da execução e que culminarão com a venda judicial do patrimônio constrito para pagamento do credor.

Na concretização da penhora verificam-se os efeitos de:

a. individualização dos bens do executado;

b. garantia do juízo;

c. preferência do credor;

---

[82] Quando por vários meios o exequente puder promover a execução, o juiz mandará que se faça pelo modo menos gravoso para o executado.

d. privação do executado da posse dos bens constritos;

e. identificação e avaliação dos bens penhorados;

f. nomeação do depositário.

Daí a importância de buscar a apreensão de bens de fácil comercialização e que despertem real interesse de terceiros em sua aquisição em futura venda judicial[83].

A penhora, como ato judicial, é praticada pelo oficial de justiça incumbido da diligência, e deverá observar as regras contidas no art. 770[84] e seguintes da CLT que disciplinam os atos, termos e prazos processuais, bem como o disposto no art. 883[85], também da CLT e 838[86] e seguintes do CPC, diante da pouca regulamentação da matéria em sede celetista, sendo, portanto, imperiosa a aplicação do diploma processual para suprir as omissões.

Ressalte-se, ainda, a importância do disposto no art. 833[87] do CPC que trata dos bens impenhoráveis em seus diversos desdobramentos,

---

[83] Penhora de veículo. Em que pese o caput do artigo 797 do Código de Processo Civil é claro ao dispor que a execução prosseguirá no interesse do credor, é de notório conhecimento que automóveis antigos e com restrições não atraem o interesse dos arrematantes. No mesmo modo, ainda que se cogite a possível adjudicação, o valor alcançado com a penhora do veículo não traria qualquer consequência prática em favor da execução, diante da insolvência econômica dos executados, tornando frágil a eficácia do meio perquirido.(TRT da 2ª Região; Processo: 1001049-40.2018.5.02.0263; Data: 08/11/2021; Órgão Julgador: 16ª Turma - Cadeira 4 - 16ª Turma; Relator(a): NELSON BUENO DO PRADO).

[84] Os atos processuais serão públicos salvo quando o contrário determinar o interesse social, e realizar-se-ão nos dias úteis das 6 (seis) às 20 (vinte) horas. Parágrafo único - A penhora poderá realizar-se em domingo ou dia feriado, mediante autorização expressa do juiz ou presidente.

[85] Não pagando o executado, nem garantindo a execução, seguir-se-á penhora dos bens, tantos quantos bastem ao pagamento da importância da condenação, acrescida de custas e juros de mora, sendo estes, em qualquer caso, devidos a partir da data em que for ajuizada a reclamação inicial.

[86] A penhora será realizada mediante auto ou termo, que conterá: I - a indicação do dia, do mês, do ano e do lugar em que foi feita; II - os nomes do exequente e do executado; III - a descrição dos bens penhorados, com as suas características; IV - a nomeação do depositário dos bens.

[87] São impenhoráveis: I - os bens inalienáveis e os declarados, por ato voluntário, não sujeitos à execução; II - os móveis, os pertences e as utilidades domésticas que guarnecem a residência do executado, salvo os de elevado valor ou os que ultrapassem as necessidades comuns

em especial quanto ao bem de família que será examinado oportunamente.

Algumas ferramentas eletrônicas foram introduzidas e aprimoradas para alcançar a rapidez e efetividade necessárias na realização da penhora, a saber:

a. BACENJUD: que permite ao magistrado condutor da execução, mediante utilização de senha cadastrada, conhecer a existência de ativos financeiros existente nas contas bancárias do executado, determinando sua disposição ao juízo, encontrando-se disciplinada pelo art. 854[88] do CPC;
b. RENAJUD: permitindo a consulta e apreensão de veículos cadastrados no DENATRAN;
c. INFOSEG: reúne base de dados estaduais, com integração das informações e facilitando as atividades dos profissionais ligados à segurança pública, justiça e fiscalização em todo o país;

---

correspondentes a um médio padrão de vida; III - os vestuários, bem como os pertences de uso pessoal do executado, salvo se de elevado valor; IV - os vencimentos, os subsídios, os soldos, os salários, as remunerações, os proventos de aposentadoria, as pensões, os pecúlios e os montepios, bem como as quantias recebidas por liberalidade de terceiro e destinadas ao sustento do devedor e de sua família, os ganhos de trabalhador autônomo e os honorários de profissional liberal, ressalvado o § 2º ; V - os livros, as máquinas, as ferramentas, os utensílios, os instrumentos ou outros bens móveis necessários ou úteis ao exercício da profissão do executado; VI - o seguro de vida; VII - os materiais necessários para obras em andamento, salvo se essas forem penhoradas; VIII - a pequena propriedade rural, assim definida em lei, desde que trabalhada pela família; IX - os recursos públicos recebidos por instituições privadas para aplicação compulsória em educação, saúde ou assistência social; X - a quantia depositada em caderneta de poupança, até o limite de 40 (quarenta) salários-mínimos; XI - os recursos públicos do fundo partidário recebidos por partido político, nos termos da lei; XII - os créditos oriundos de alienação de unidades imobiliárias, sob regime de incorporação imobiliária, vinculados à execução da obra.

[88] Para possibilitar a penhora de dinheiro em depósito ou em aplicação financeira, o juiz, a requerimento do exequente, sem dar ciência prévia do ato ao executado, determinará às instituições financeiras, por meio de sistema eletrônico gerido pela autoridade supervisora do sistema financeiro nacional, que torne indisponíveis ativos financeiros existentes em nome do executado, limitando-se a indisponibilidade ao valor indicado na execução.

d. INFOJUD: utilizado apenas por magistrados para atender as solicitações do Poder Judiciário à Receita Federal[89];
e. ARISP: permite o acesso ao banco de dados das matrículas existentes em nome dos executados perante os Registros Imobiliários[90];
f. SIMBA: permite acesso ao Sistema de Investigação de Movimentações Bancárias dos executados[91].

---

[89] LIQUIDAÇÃO/CUMPRIMENTO/EXECUÇÃO Constrição / Penhora / Avaliação / Indisponibilidade de Bens Execução. Infojud (DOI). CNIB. Possibilidade. Plenamente cabível as pesquisas solicitadas, não havendo qualquer impedimento legal para o pedido, sendo certo que o indeferimento das medidas poderá inviabilizar a satisfação do crédito de natureza alimentar reconhecido na ação, impossibilitando o resultado útil do processo, não se vislumbrando, por ora, outras formas possíveis para persecução de bens além das requeridas. Agravo de petição do reclamante a que se dá parcial provimento. (PJe TRT/SP 0000308-89.2014.5.02.0446 - 3ª Turma - AP - Rel. Wildner Izzi Pancheri - DeJT 05/05/2021).

[90] EXPEDIÇÃO DE OFÍCIO AO BACENJUD, RENAJUD e ARISP. REITERAÇÃO. A efetividade da prestação jurisdicional deve ser perseguida, vez que a razoável duração do processo calcada como garantia fundamental prevista no inciso LXXVIII do artigo 5º da Constituição Federal, impõe a utilização de todos os meios que assegurem a celeridade, sendo certo que os diversos convênios firmados por este E. Tribunal tiveram este objetivo.(TRT da 2ª Região; Processo: 0052300-19.1995.5.02.0038; Data: 14/12/2021; Órgão Julgador: 17ª Turma - Cadeira 1 - 17ª Turma; Relator(a): ANNETH KONESUKE).

[91] SIMBA. Suspeita de ocultação de patrimônio para fraudar a execução. Consulta autorizada. A consulta ao SIMBA, por implicar quebra do sigilo bancário, somente será determinada para apuração de ocorrência de ilícito, nos moldes do artigo 1°, inciso VI, § 4°, da Lei Complementar 105/2001. Tem-se, assim, que no âmbito da Justiça do Trabalho a ferramenta em análise deverá Boletim de Jurisprudência do TRT2 Secretaria de Gestão Jurisprudencial, Normativa e Documental - SGJND 6 ser utilizada, primordialmente, no processo de busca de informações em caso de suspeita de ocultação de bens, com vistas a fraudar a execução, consoante disposto na Resolução CSJT 140/2014. In casu, tendo em vista a absoluta impossibilidade de localização de bens livres e desembaraçados dos executados, em ação que se arrasta por mais de 9 anos, entendo evidenciado forte indício de má vontade e recusa em satisfazer a execução, autorizando a consulta requerida pela exequente, para que não se onere ainda mais o trabalhador em sua longa via crucis para ver adimplida verba de caráter alimentar. Nesse sentido, aliás, já decidiu esta C. 4ª Turma em voto da lavra da eminente Des. Ivani Contini Bramanti (Proc.: 10006948920145020612, TRT02, 4ª Turma, Publ.: 13/03/2018). Agravo de Petição ao qual se dá provimento para

Importante mencionar que o depositário deve ser o próprio responsável pela executada, gerente ou preposto, visto que a responsabilidade deste é pessoal pela guarda e entrega dos bens quando tal missão lhe for determinada.

Na hipótese de penhora sobre bens móveis e concretizada a recusa do executado ao encargo de depositário, deverá ser consultado o exequente e na recusa deste, caberá a determinação de remoção dos bens para depositário público ou particular.

Advirta-se que a remoção é medida extrema, que deverá ser tomada apenas nos casos em que houver recusa de guarda até a arrematação, não se prestando a coagir o executado a liquidar sua obrigação, sob pena de violação da norma contida no art. 805[92] do CPC.

Em se tratando de penhora de bens imóveis, não há se cogitar da figura do depositário, mas a imprescindível inscrição da apreensão junto à circunscrição imobiliária respectiva, evitando-se, dessa forma, eventual alienação do bem constrito sem autorização judicial.

Da mesma forma, em se tratando de penhora sobre imóvel adquirido através de financiamento, haverá de ser cientificada a entidade financeira para eventual manifestação, o mesmo ocorrendo com o cônjuge ou companheiro do executado, para eventual pleito relativo a reserva de sua meação.

Como modo de agilizar a execução, entendeu o legislador estabelecer uma ordem preferencial de bens indicados no art. 835[93]

---

determinar a consulta ao SIMBA. (Proc. 0001373-07.2012.5.02.0021 - 4ª Turma - AP - Rel. Ricardo Artur Costa e Trigueiros - DeJT 18/08/2021).

[92] Quando por vários meios o exequente puder promover a execução, o juiz mandará que se faça pelo modo menos gravoso para o executado.

[93] A penhora observará, preferencialmente, a seguinte ordem: I - dinheiro, em espécie ou em depósito ou aplicação em instituição financeira; II - títulos da dívida pública da União, dos Estados e do Distrito Federal com cotação em mercado; III - títulos e valores mobiliários com cotação em mercado; IV - veículos de via terrestre; V - bens imóveis; VI - bens móveis em geral; VII - semoventes;

do CPC, sendo o dinheiro, em espécie ou em aplicação financeira, os bens que figuram em posição de destaque, seguindo-se títulos e valores mobiliários, veículos, bens imóveis e móveis em geral, etc.

Se houver nomeação de bens à penhora no processo do trabalho segundo o disposto no art. 882 da CLT[94], caberá ao magistrado estabelecer o contraditório, colhendo do exequente sua concordância ou acolhendo sua irresignação, desde que devidamente fundamentada, sob pena de ser rejeitada.

Constata-se, assim, que a garantia do juízo materializada através da penhora constitui ato de jurisdição, que atinge fisicamente o patrimônio do devedor, todas as vezes em que a decisão no processo de conhecimento não for voluntariamente cumprida e houver necessidade de execução.

Caberá ao oficial de justiça a realização da penhora, em se tratando de bens móveis, com a correta identificação do bem, de modo a individualizá-lo com segurança, impedindo, desta forma, que seja trocado ou substituído por outro indevidamente.

Em se tratando de bens tombados pela empresa, deverá constar do auto de penhora, além de sua identificação, o número do tombo.

Poderá, no entanto, ocorrer a rara situação de penhora recair sobre bens que não permitam sua correta individualização; neste caso, deverão ser conservados em local determinado, de fácil acesso e verificação, com descrição suficiente à sua identificação.

VIII - navios e aeronaves; IX - ações e quotas de sociedades simples e empresárias; X - percentual do faturamento de empresa devedora; XI - pedras e metais preciosos; XII - direitos aquisitivos derivados de promessa de compra e venda e de alienação fiduciária em garantia; XIII - outros direitos.

[94] O executado que não pagar a importância reclamada poderá garantir a execução mediante depósito da quantia correspondente, atualizada e acrescida das despesas processuais, apresentação de seguro-garantia judicial ou nomeação de bens à penhora, observada a ordem preferencial estabelecida no art. 858 da Lei 13.105, de 16/03/2015 – Código de Processo Civil.

No caso de bens cuja transferência dependa de ato de terceiro, órgão público ou não, deverá a apreensão ser imediatamente comunicada pelo oficial de justiça, impedindo-se com tal medida eventual transferência de propriedade sem autorização judicial, como é o caso de penhora sobre veículos, com imediata comunicação ao DETRAN local.

Eventual requerimento de substituição da penhora encontra-se prevista no art. 847[95] do CPC, desde que o executado, nos dez dias contados da sua intimação, demonstre que lhe será menos onerosa e que não trará prejuízo ao exequente[96].

Possível, também, será a ocorrência de mais de uma penhora sobre o mesmo bem, dando origem ao concurso de credores que se encontra previsto nos arts. 797[97] e 908[98] do CPC e, como os créditos trabalhistas não apresentam preferência entre si, o pagamento será realizado de acordo com a anterioridade da penhora, podendo o magistrado condutor da execução determinar que o produto dos

---

[95] O executado pode, no prazo de 10 dias contado da intimação da penhora, requerer a substituição do bem penhorado, desde que comprove que lhe será menos onerosa e não trará prejuízo ao exequente.

[96] SUBSTITUIÇÃO DO BEM PENHORADO. Indicação mais favorável. Admissível. Considerando que a executada apenas indicou bem de maior valor e em melhores condições do que aquele que já havia sido penhorado e que supera o valor integral da execução, configurando-se troca mais benéfica ao exequente, não há falar na aplicação da gradação prevista no art. 835 da CLT. Agravo de petição interposto pelo exequente ao qual se nega provimento. (TRT da 2ª Região; Processo: 0001793-63.2014.5.02.0434; Data: 14/09/2021; Órgão Julgador: 13ª Turma - Cadeira 4 - 13ª Turma; Relator(a): CINTIA TAFFARI).

[97] Ressalvado o caso de insolvência do devedor, em que tem lugar o concurso universal, realiza-se a execução no interesse do exequente que adquire, pela penhora, o direito de preferência sobre os bens penhorados. Parágrafo único. Recaindo mais de uma penhora sobre o mesmo bem, cada exequente conservará o seu título de preferência.

[98] Havendo pluralidade de credores ou exequentes, o dinheiro lhes será distribuído e entregue consoante a ordem das respectivas preferências.

bens penhorados seja rateado proporcionalmente entre os diversos credores trabalhistas.

O auto de penhora deverá observar os requisitos previstos pelo art. 838 do CPC, dentre eles:

> I- indicação da data e local em que foi realizada;
>
> II- os nomes do exequente e do executado;
>
> III- a descrição dos bens penhorados e suas características;
>
> IV- nomeação do depositário dos bens.

12.1 Penhora em dinheiro/bloqueio de contas bancárias

Na forma da regra contida no inciso I do art. 835 do CPC, a penhora em dinheiro ou aplicações financeiras figura como bens preferenciais aos demais elencados objetivando-se a necessária celeridade na execução[99].

Embora nem sempre seja possível a apreensão de dinheiro ou aplicações financeiras, introduziu-se no âmbito do processo do trabalho com a nova redação do art. 882 da CLT[100] a possibilidade de garantir-se a execução através do seguro-garantia judicial que, por

---

[99] "PENHORA EM DINHEIRO: A penhora observará preferencialmente em primeira ordem, dinheiro, em espécie ou em depósito ou aplicação em instituição financeira. Exegese do artigo 835, I, do CPC, de aplicação subsidiária (CLT, artigos 769 e 889), bem como o devido processo legal (CF, artigo 5°, LIV), assim como Súmula 417, I, do Colendo TST. Agravo de petição patronal improvido pelo Colegiado Julgador". (TRT da 2ª Região; Processo: 1001383-61.2020.5.02.0083; Data: 14/10/2021; Órgão Julgador: 11ª Turma - Cadeira 2 - 11ª Turma; Relator(a): RICARDO VERTA LUDUVICE).

[100] O executado que não pagar a importância reclamada poderá garantir a execução mediante depósito da quantia correspondente, atualizada e acrescida das despesas processuais, apresentação de seguro-garantia judicial ou nomeação de bens à penhora, observada a ordem preferencial estabelecida no art. 835 da Lei nº 13.105, de 16 de março de 2015 - Código de Processo Civil.

força do entendimento adotado pelo OJ 59 da SDI-II do TST, restou equiparado à carta de fiança bancária[101].

Paralelamente às garantias acima apontadas, importante se revela o bloqueio on-line por meio do sistema BACENJUD[102] em que o magistrado, utilizando senha personalizada, obtém acesso às contas bancárias do executado em todo o território nacional, podendo determinar o bloqueio do numerário necessário equivalente ao valor da execução.

Lembra-se, ainda, que o art. 854[103] do CPC disciplina a penhora de dinheiro em depósito ou em aplicação financeira, exigindo requerimento do exequente nesse sentido; no processo do trabalho,

---

[101] A carta de fiança bancária e o seguro garantia judicial, desde que em valor não inferior ao do débito em execução, acrescido de trinta por cento, equivalem a dinheiro para efeito da gradação dos bens penhoráveis, estabelecida no art. 835 do CPC de 2015 (art. 655 do CPC de 1973).

[102] Penhora online/ BACEN JUD Consulta ao Simba. Cabimento. A utilização do convênio SIMBA. Sistema de Investigação de Movimentações Bancárias. Foi autorizada por meio do Acordo de Cooperação Técnica firmado entre o Conselho Superior da Justiça do Trabalho - CSJT e o Ministério Público Federal, tendo sido regulamentada por meio da Resolução CSJT nº 140/2014, e, no âmbito deste Regional, pelo Provimento GP nº 2/2015. Plenamente viável, portanto, a pesquisa solicitada, sendo que o indeferimento da pretensão poderá inviabilizar a satisfação do crédito de natureza alimentar já reconhecido. Apelo provido. Consulta ao Simba. Cabimento. A utilização do convênio SIMBA - Sistema de Investigação de Movimentações Bancárias - foi autorizada por meio do Acordo de Cooperação Técnica firmado entre o Conselho Superior da Justiça do Trabalho - CSJT e o Ministério Público Federal, tendo sido regulamentada por meio da Resolução CSJT nº 140/2014, e, no âmbito deste Regional, pelo Provimento GP nº 2/2015. Plenamente viável, portanto, a pesquisa solicitada, sendo que o indeferimento da pretensão poderá inviabilizar a satisfação do crédito de natureza alimentar já reconhecido. Apelo provido. (Proc.1001484-60.2019.5.02.0204 - 10ª Turma - AP - Rel. Adriana Maria Battistelli Varellis - DeJT 05/10/2021).

[103] Para possibilitar a penhora de dinheiro em depósito ou em aplicação financeira, o juiz, a requerimento do exequente, sem dar ciência prévia do ato ao executado, determinará às instituições financeiras, por meio de sistema eletrônico gerido pela autoridade supervisora do sistema financeiro nacional, que torne indisponíveis ativos financeiros existentes em nome do executado, limitando-se a indisponibilidade ao valor indicado na execução.

essa providência pode ser determinada pelo magistrado condutor da execução de ofício, segundo o disposto no art. 878 da CLT[104].

12.2 Penhora de salário/caderneta de poupança

Embora o salário esteja protegido pelo disposto no inciso IV do art. 833 e respectivo § 2º do CPC[105] e não se desconhecendo o entendimento majoritário contido na OJ 153 da SDI-II do TST[106], julgados recentes do TST têm admitido que a penhora possa ser realizada sobre proventos de aposentadoria em percentual de 20% para pagamento de dívida trabalhista[107].

---

[104] A execução será promovida pelas partes, permitida a execução de ofício pelo juiz ou Presidente do Tribunal apenas nos casos em que as partes não estiverem representadas por advogado.

[105] O disposto nos incisos IV e X do caput não se aplica à hipótese de penhora para pagamento de prestação alimentícia, independentemente de sua origem, bem como às importâncias excedentes a 50 (cinquenta) salários-mínimos mensais, devendo a constrição observar o disposto no art. 528, § 8º , e no art. 529, § 3º .

[106] Ofende direito líquido e certo decisão que determina o bloqueio de numerário existente em conta salário, para satisfação de crédito trabalhista, ainda que seja limitado a determinado percentual dos valores recebidos ou a valor revertido para fundo de aplicação ou poupança, visto que o art. 649, IV, do CPC de 1973 contém norma imperativa que não admite interpretação ampliativa, sendo a exceção prevista no art. 649, § 2º, do CPC de 1973 espécie e não gênero de crédito de natureza alimentícia, não englobando o crédito trabalhista.

[107] IMPENHORABILIDADE Remuneração / Proventos / Pensões e Outros Rendimentos É possível na atual sistemática processual a penhora de parcelas alimentares para quitação de débitos de mesma natureza. Cabe ao magistrado somente a fixação de limites para tanto. Logo, ordena-se a expedição de ofício ao Ministério da Economia - Secretaria Especial de Previdência e Trabalho, decidindo-se após sobre o limite de penhorabilidade. (Proc. 1000085-98.2016.5.02.0204 - 17ª Turma - ROT - Rel. Alvaro Alves Noga - DeJT 17/06/2021).

De igual forma, economias depositadas em caderneta de poupança podem ensejar a ocorrência de fraude, considerando a impenhorabilidade descrita no inciso X do art. 833[108] do CPC [109].

12.3 Penhora sobre bens imóveis

O auto de penhora envolvendo bem imóvel deverá conter a descrição detalhada do bem, matrícula, confrontantes, estado de conservação e eventuais benfeitorias que porventura não constem da matrícula, sendo, portanto, imprescindível a presença do oficial de justiça para verificação da real situação do imóvel, segundo o disposto no art. 842[110] e seguintes do CPC e, ao final, averbada na circunscrição imobiliária respectiva mediante mandado expedido pelo magistrado condutor da execução para registro da penhora[111].

---

[108] A quantia depositada em caderneta de poupança, até o limite de 40 (quarenta) salários-mínimos.

[109] IMPENHORABILIDADE DE CONTA POUPANÇA. Em que pese a natureza alimentícia do crédito trabalhista, o artigo 769 da CLT impõe a aplicação do direito processual comum como fonte subsidiária do direito processual do trabalho. Como cediço, a CLT não trata da impenhorabilidade de bens. Logo, devem ser observadas as regras do processo civil. Da análise do código de processo civil de 2015, tem-se que o artigo 833, inciso X, diz que é absolutamente impenhorável, até o limite de 40 (quarenta) salários mínimos, a quantia depositada em caderneta de poupança. Assim, o preceptivo processual é explicito em reconhecer a impenhorabilidade absoluta dos valores depositados na poupança, até o limite de 40 salários mínimos, e não há nenhuma outra norma no âmbito trabalhista contendo previsão diversa. (TRT da 2ª Região; Processo: 1000674-64.2015.5.02.0709; Data: 27/08/2020; Órgão Julgador: 17ª Turma - Cadeira 5 - 17ª Turma; Relator(a): THAIS VERRASTRO DE ALMEIDA).

[110] Recaindo a penhora sobre bem imóvel ou direito real sobre imóvel, será intimado também o cônjuge do executado, salvo se forem casados em regime de separação absoluta de bens.

[111] Constrição / Penhora / Avaliação / Indisponibilidade de Bens Imóvel alienado anteriormente à distribuição da reclamação trabalhista. A reclamação trabalhista foi ajuizada em 20/07/2000 e o imóvel foi alienado em 1996. Ainda que referida alienação não tenha sido registrada no cartório de imóveis, os terceiros de boa fé não podem ser prejudicados. Inteligência da Súmula 84 do C. STJ. Agravo de petição a que se dá provimento parcial. (PJe TRT/SP 1000649-18.2019.5.02.0028 - 3ª Turma - AP - Rel. Margoth Giacomazzi Martins - DeJT 18/01/2021).

Na eventualidade da penhora recair sobre imóvel hipotecado, além da necessária intimação do credor hipotecário, este terá preferência no recebimento do valor da hipoteca.

12.4 Penhora sobre bens móveis gravados com alienação fiduciária ou leasing

Nas hipóteses acima apontadas, a penhora deve ser realizada somente na inexistência de outros bens penhoráveis, com intimação da instituição financeira, embora o resultado de tais apreensões nem sempre seja favorável por se tratarem de bens gravados com o pagamento das parcelas ajustadas na celebração do contrato[112].

12.5 Penhora de quotas ou ações/do faturamento/de empresa/do estabelecimento comercial/penhora de crédito

A partir do art. 861 do CPC,[113] estão disciplinadas as possibilidades de penhora incidindo diretamente sobre o empreendimento, impondo-se a nomeação de depositário a quem incumbirá a prestação de contas mensalmente em relação ao faturamento do empreendimento

---

[112] CONSTRIÇÃO / PENHORA / AVALIAÇÃO / INDISPONIBILIDADE DE BENS Impenhorabilidade Alienação fiduciária. Não pode ser penhorado imóvel alienado fiduciariamente, posto que a propriedade pertence ao credor fiduciário. No entanto, são passíveis de penhora os valores já pagos, que transferem proporcionalmente a propriedade de parte ideal do imóvel ao alienante. Agravo de Petição a que se dá provimento, no particular. (PJe TRT/SP 1001559-33.2016.5.02.0066 - 11ª Turma - AP - Rel. Adriana Prado Lima - DeJT 12/02/2021).

[113] Penhoradas as quotas ou as ações de sócio em sociedade simples ou empresária, o juiz assinará prazo razoável, não superior a 3 (três) meses, para que a sociedade: I - apresente balanço especial, na forma da lei; II - ofereça as quotas ou as ações aos demais sócios, observado o direito de preferência legal ou contratual; III - não havendo interesse dos sócios na aquisição das ações, proceda à liquidação das quotas ou das ações, depositando em juízo o valor apurado, em dinheiro.

e respectiva apreensão do numerário para pagamento do débito, segundo o disposto na OJ 93 da SDI-II do TST[114].

De igual forma, possível será a penhora do estabelecimento comercial[115], que deverá ser concretizada após as tentativas de constrição de outros bens; nessa hipótese será nomeado depositário, preferencialmente perito em administração para apresentação de plano e prestação de contas mensalmente até pagamento integral do débito, após o que a penhora será extinta.

A possibilidade de realização de penhora sobre crédito do executado é interessante para a liquidação da dívida, eis que corresponde ao ingresso de numerário, normalmente representada em títulos de crédito como letra de câmbio, cheque, nota promissória, duplicata ou outros títulos.

Regra geral, a penhora deve ser realizada na presença do executado ou de pessoa por este indicada, a fim de possibilitar a apreensão de bens livres e desembaraçados, suficientes à satisfação do crédito.

No caso de resistência, deverá o oficial comunicar tal fato ao juiz da execução, que autorizará a realização da diligência com força policial e arrombamento, se necessário for.

---

[114] Nos termos do art. 866 do CPC de 2015, é admissível a penhora sobre a renda mensal ou faturamento de empresa, limitada a percentual, que não comprometa o desenvolvimento regular de suas atividades, desde que não haja outros bens penhoráveis ou, havendo outros bens, eles sejam de difícil alienação ou insuficientes para satisfazer o crédito executado.

[115] Agravo de petição. Penhora sobre faturamento. A penhora sobre o faturamento é medida constritiva prevista pelo artigo 835, do Código de Processo Civil. Utilizados os convênios estabelecidos com este Regional, sem a localização de bens suficientes à quitação integral do crédito, justifica-se a constrição sobre o faturamento mensal da empresa executada, à vista do que dispõe o artigo 866, do Código de Processo Civil. Há que se observar, porém, que a penhora deve limitar-se a percentual que não inviabilize a continuidade do empreendimento, sob pena de obstar o cumprimento da função social da empresa. Inteligência do §1º, do art. 866, do CPC e da OJ n. 93, da SBDI-2 do TST. (Proc. 1000062-16.2016.5.02.0411 - 16ª Turma - AP - Rel. Regina Aparecida Duarte - DeJT 8/11/2021).

AVALIAÇÃO DOS BENS CONSTRITOS

Após a identificação, o bem será avaliado pelo oficial de justiça incumbido da diligência, atividade que consiste na atribuição de um valor comercial ao bem penhorado[116] e, embora a CLT trate desse

[116] AVALIAÇÃO DO BEM PENHORADO QUE NÃO CORESPONDE AO SEU EFETIVO VALOR DE MERCADO. AUSÊNCIA DE COMPROVAÇÃO DE DESPROPORCIONALIDADE DA PENHORA EM RELAÇÃO AO MONTANTE DO CRÉDITO EXEQUENDO. EXCESSO DE PENHORA NÃO CONFIGURADO. O oficial de justiça apresentou valor com base em tabela FIPE - frise-se, vigente em dezembro de 2017 - que não reflete efetivamente o valor de comercialização do bem no mercado, já que, sob a ótica do homem médio, dificilmente um veículo automotor atinge, quando da sua venda, o valor apontado em pesquisas da Fundação Instituto de Pesquisas Econômicas. Dessa forma, e considerando que, no caso dos autos, o princípio da execução no interesse do credor se sobrepõe, bem como que, tomada a desatualização do valor do bem avaliado e do crédito exequendo, não se verifica desproporcionalidade da penhora realizada em primeira instância, mantém-se a r. sentença que julgou improcedentes os embargos à execução. Agravo de petição ao qual se nega provimento. (TRT da 2ª Região; Processo: 1000285-45.2016.5.02.0709; Data: 04/09/2019; Órgão Julgador: Gabinete da Vice-Presidência Judicial - Tribunal Pleno; Relator(a): SERGIO ROBERTO RODRIGUES).

tema no art. 887[117], subsidiariamente serão aplicados os arts. 13 da Lei nº 6.830/1980[118] e 870[119] a 875 do CPC.

Em se tratando de automóveis, ações, etc., a cotação dos respectivos valores poderá ser obtida em qualquer jornal de circulação regular; por tais motivos é que, repita-se, a penhora deverá sempre recair sobre bens de fácil comercialização e que despertem interesse em futura venda judicial.

Se para avaliação dos bens forem necessários conhecimentos especiais, será nomeado *expert* para tanto, como é o caso de avaliação de objetos ou obras de arte.

Concluída a avaliação, o oficial de justiça dará ciência ao executado, quando então estará perfeito e acabado o auto de penhora, podendo o valor atribuído ao bem penhora ser impugnado por simples petição, valendo dizer que não há necessidade de apresentação de embargos para tal finalidade.

Lembra-se que a impugnação deve ser fundamentada com apresentação de documentos que demonstrem que o valor atribuído ao bem está acima ou abaixo de seu preço de mercado, sendo possível a realização de nova avaliação segundo o disposto no art. 873[120] do CPC.

---

[117] A avaliação dos bens penhorados, em virtude da execução de decisão condenatória, será feita por avaliador escolhido de comum acordo pelas partes, que perceberá as custas arbitradas pelo juiz, ou presidente do tribunal trabalhista, de conformidade com a tabela a ser expedida pelo Tribunal Superior do Trabalho. § 1º Não acordando as partes quanto à designação de avaliador, dentro de cinco dias após o despacho que o determinou a avaliação, será o avaliador designado livremente pelo juiz ou presidente do tribunal. § 2º Os servidores da Justiça do Trabalho não poderão ser escolhidos ou designados para servir de avaliador.

[118] O termo ou auto de penhora conterá, também, a avaliação dos bens penhorados, efetuada por quem o lavrar.

119 A avaliação será feita pelo oficial de justiça. Parágrafo único. Se forem necessários conhecimentos especializados e o valor da execução o comportar, o juiz nomeará avaliador, fixando-lhe prazo não superior a 10 (dez) dias para entrega do laudo.

[120] Obedecidas as normas de segurança instituídas sob critérios uniformes pelo Conselho Nacional de Justiça, a penhora de dinheiro e as averbações de penhoras de bens imóveis e móveis podem ser realizadas por meio eletrônico.

AUTO DE DEPÓSITO E DEPOSITÁRIO

A finalização da penhora ocorre com o depósito do bem constrito, diante da regra contida no art. 839 do CPC[121], por meio do respectivo auto.

O depósito consiste na aceitação formal de uma pessoa em permanecer responsável pela guarda e futura entrega do bem penhorado ao novo proprietário quando lhe for determinado.

Portanto, o depositário assume o encargo de cuidar e zelar pelo bem, conservando-o e evitando sua deterioração, para assim restituí-lo em perfeito estado quando lhe for determinado.

Por tais razões é que o depositário deverá ser, sempre que possível, o próprio executado ou seu preposto, evitando-se a figura do simples empregado como depositário, em face das consequências

---

[121] Considerar-se-á feita a penhora mediante a apreensão e o depósito dos bens, lavrando-se um só auto se as diligências forem concluídas no mesmo dia. Parágrafo único. Havendo mais de uma penhora, serão lavrados autos individuais.

que poderão advir na hipótese do mesmo desligar-se da empresa permanecendo com o encargo de depositário.

O art. 840 do CPC[122] especifica as diversas categorias em que o depósito do bem penhorado será realizado, determinando no art. 841[123] do mesmo diploma a intimação do executado que, no processo do trabalho, observará a regra contida no art. 884 da CLT[124].

O entendimento majoritário contido na OJ 89 da SDI-II do TST[125] concluiu que o encargo de depositário depende de aceitação, valendo dizer que a nomeação compulsória do depositário não é possível.

No passado, havia a figura da prisão do depositário infiel, cancelada por força da Súmula Vinculante 25 do STF[126]; na atualidade, há a possibilidade de prisão do depositário que foi responsável pelo extravio do bem penhorado sob sua guarda, por crime de desobediência, na forma do disposto no art. 330 do CP[127].

---

[122] Serão preferencialmente depositados: I - as quantias em dinheiro, os papéis de crédito e as pedras e os metais preciosos, no Banco do Brasil, na Caixa Econômica Federal ou em banco do qual o Estado ou o Distrito Federal possua mais da metade do capital social integralizado, ou, na falta desses estabelecimentos, em qualquer instituição de crédito designada pelo juiz; II - os móveis, os semoventes, os imóveis urbanos e os direitos aquisitivos sobre imóveis urbanos, em poder do depositário judicial; III - os imóveis rurais, os direitos aquisitivos sobre imóveis rurais, as máquinas, os utensílios e os instrumentos necessários ou úteis à atividade agrícola, mediante caução idônea, em poder do executado.

[123] Formalizada a penhora por qualquer dos meios legais, dela será imediatamente intimado o executado.

[124] Garantia a execução ou penhorados os bens, terá o executado 5 dias para apresentar embargos, cabendo igual prazo ao exequente para impugnação.

[125] A investidura no encargo de depositário depende da aceitação do nomeado que deve assinar termo de compromisso no auto de penhora, sem o que, é inadmissível a restrição de seu direito de liberdade.

[126] É ilícita a prisão civil de depositário infiel, qualquer que seja a modalidade de depósito.

[127] Desobedecer a ordem legal de funcionário público: Pena - detenção, de quinze dias a seis meses, e multa.

OS MEIOS DE DEFESA DO EXECUTADO E DE TERCEIROS PERMITIDOS NA EXECUÇÃO

15.1 Embargos à execução

A evolução do sistema processual ao longo da história trouxe como consequência a criação do processo de conhecimento e a organização do sistema judiciário fundado nos princípios do contraditório e da ampla defesa; finda a fase de conhecimento com a prolação da sentença, surge a execução do julgado.

O entendimento acerca da natureza jurídica dos embargos nunca foi pacífico, na medida em que os entendimentos de que os mesmos constituem defesa se opõem aos que o consideram ação de conhecimento incidental, considerando que seu objetivo se volta à desconstituição do título executivo em que se funda a execução.

No processo do trabalho, a disciplina normativa da execução segue as normas da CLT, tendo como fontes subsidiárias a Lei nº 6.830/1980, que trata das Execuções Fiscais, e o CPC, segundo o estabelecido nos arts. 8º, § 1º[128] e 889[129] da CLT.

Regra geral, são partes na execução trabalhista, aqueles que figuraram no processo de conhecimento, podendo, inclusive, vir a ser executado o sócio da empresa demandada no caso de desconsideração da pessoa jurídica ou outra empresa pertencente ao mesmo grupo econômico.

Importante realçar que, na execução trabalhista, o executado não é citado para defender-se, mas para cumprir a obrigação contida do título judicial ou extrajudicial.

A satisfação da obrigação pelo executado a partir da fixação do valor fixado na liquidação de sentença encontra-se disciplinada pela regra contida no art. 880 da CLT[130], que determina a expedição de mandado de citação para que cumpra a decisão ou o acordo no prazo e modo ajustados. Em se tratando de pagamento em dinheiro,

---

[128] As autoridades administrativas e a Justiça do Trabalho, na falta de disposições legais ou contratuais, decidirão, conforme o caso, pela jurisprudência, por analogia, por equidade e outros princípios e normas gerais de direito, principalmente do direito do trabalho, e, ainda, de acordo com os usos e costumes, o direito comparado, mas sempre de maneira que nenhum interesse de classe ou particular prevaleça sobre o interesse público. § 1º O direito comum será fonte subsidiária do direito do trabalho.

[129] Aos trâmites e incidentes do processo da execução são aplicáveis, naquilo em que não contravierem ao presente Título, os preceitos que regem o processo dos executivos fiscais para a cobrança judicial da dívida ativa da Fazenda Pública Federal.

[130] Requerida a execução, o juiz ou presidente do tribunal mandará expedir mandado de citação do executado, a fim de que cumpra a decisão ou o acordo no prazo, pelo modo e sob as cominações estabelecidas ou, quando se tratar de pagamento em dinheiro, inclusive de contribuições sociais devidas à União, para que o faça em 48 (quarenta e oito) horas ou garanta a execução, sob pena de penhora.

inclusive as contribuições sociais, deverá observar o prazo de 48 horas ou garantir a execução, sob pena de penhora.

Importante lembrar que a reforma trabalhista trouxe inovações ao tratar da garantia da execução, na forma do art. 882[131] da CLT, autorizando:

a. depósito da importância correspondente atualizada e acrescida das despesas processuais;
b. apresentação de seguro garantia judicial132;
c. nomeação de bens à penhora, observado o disposto no art. 835 do CPC.

Na hipótese de o executado não pagar seu débito, nem garantir a execução, serão penhorados tantos bens quantos bastem para satisfação da condenação, acrescida de juros de mora contados a partir da data do ajuizamento da ação e das custas (art. 883 da CLT[133]).

---

[131] O executado que não pagar a importância reclamada poderá garantir a execução mediante depósito da quantia correspondente, atualizada e acrescida das despesas processuais, apresentação de seguro-garantia judicial ou nomeação de bens à penhora, observada a ordem preferencial estabelecida no art. 835 da Lei no 13.105, de 16 de março de 2015 - Código de Processo Civil.

[132] PROCESSO DO TRABALHO. GARANTIA DA EXECUÇÃO. APÓLICE DE SEGURO-GARANTIA. POSSIBILIDADE. A oferta de apólice de seguro-garantia, como instrumento suficiente para garantir a execução, é permitida pelo artigo 832, da CLT, que faz referência expressa à ordem preferencial estabelecida pelo artigo 835, do CPC, em cujo parágrafo 2º, ela é equiparada a dinheiro. Não bastasse, ela também é assegurada pelo Ato Conjunto TST.CSJT.CGJT nº 1, de 16 de outubro de 2019, que disciplina a matéria, no âmbito da Justiça do Trabalho. Desse modo, se a apólice apresentada obedece aos critérios e requisitos estabelecidos pelo mencionado Ato Conjunto, não há como se entender que a execução não esteja garantida. Agravo de petição da executada a que se dá provimento para o fim de considerar devidamente garantida a execução e determinar o regular processamento dos embargos à execução XXX, com o retorno dos autos à Vara de origem, para o respectivo exame de mérito. (TRT da 2ª Região; Processo: 0001342-06.2012.5.02.0047; Data: 17/12/2021; Órgão Julgador: 18ª Turma - Cadeira 1 - 18ª Turma; Relator(a): RILMA APARECIDA HEMETERIO).

[133] Não pagando o executado, nem garantindo a execução, seguir-se-á penhora dos bens, tantos quantos bastem ao pagamento da importância da condenação, acrescida de custas e juros de mora, sendo estes, em qualquer caso, devidos a partir da data em que for ajuizada a reclamação inicial.

Inovou, ainda, a Lei nº 13.467/2017, através do disposto no art. 883-A[134], ao permitir que a decisão transitada em julgado seja levada a protesto, permita a inscrição do nome do executado em órgãos de proteção ao crédito ou Banco Nacional de Devedores Trabalhistas, decorridos 45 dias da citação do executado que não ofereceu qualquer das garantias previstas.

Citado o devedor, deverá primeiramente garantir a execução[135], depositando o valor da condenação, oferecendo alguma das garantias legais ou indicando bens à penhora, após o que começará a correr o prazo de 5 dias úteis[136] (art. 775 da CLT[137]) para apresentação de embargos, de acordo com a regra contida no art. 884 da CLT[138].

Lembra-se que os embargos no processo do trabalho não constituem ação autônoma, considerando que são apresentados por simples petição e têm natureza de incidente da execução.

Na ocorrência de penhora múltipla ou eventual reforço de penhora, o prazo para oferecimento dos embargos passa a correr a

[134] A decisão judicial transitada em julgado somente poderá ser levada a protesto, gerar inscrição do nome do executado em órgãos de proteção ao crédito ou no Banco Nacional de Devedores Trabalhistas (BNDT), nos termos da lei, depois de transcorrido o prazo de quarenta e cinco dias a contar da citação do executado, se não houver garantia do juízo.

[135] AGRAVO DE INSTRUMENTO EM AGRAVO DE PETIÇÃO. AUSÊNCIA DE GARANTIA DO JUÍZO. Não se admitem os embargos à execução e da mesma forma o Agravo de Petição sem que esteja garantido o juízo. É do sistema processual do trabalho esse pressuposto para os recursos na execução, quando interpostos pelo devedor. (TRT da 2ª Região; Processo: 1000951-31.2020.5.02.0022; Data: 16/12/2021; Órgão Julgador: 18ª Turma - Cadeira 2 - 18ª Turma; Relator(a): IVETE BERNARDES VIEIRA DE SOUZA).

[136] Execução. Agravo de Petição. Embargos à execução intempestivos. Garantida a execução, tem a executada o prazo de 5 dias para a apresentação de embargos. Ultrapassado esse prazo para a oposição da medida, corretamente agiu o Juízo ao dela não conhecer, por intempestiva. Agravo de petição da executada, a que s nega provimento. (TRT da 2ª Região; Processo: 1001135-71.2019.5.02.0264; Data: 03/12/2021; Órgão Julgador: 6ª Turma - Cadeira 2 - 6ª Turma; Relator(a): WILSON FERNANDES).

[137] Os prazos estabelecidos neste Título serão contados em dias úteis, com exclusão do dia do começo e inclusão do dia do vencimento.

[138] Garantida a execução ou penhorados os bens, terá o executado 5 (cinco) dias para apresentar embargos, cabendo igual prazo ao exequente para impugnação.

partir da última constrição, pois neste momento é que se conclui a garantia do juízo.

Se houver indicação de bens pelo executado, ato contínuo o exequente deverá ser intimado para manifestação a propósito; concordando com a nomeação, será a mesma reduzida a termo, figurando o devedor como depositário do bem constrito, ocasião em que começará a fluir o prazo para apresentação dos embargos.

Na recusa dos bens indicados, o Juiz decidirá considerando a impugnação lançada pelo credor, lembrando-se que, nesse sentido, há de ser observada a ordem preferencial contida no artigo 835 do CPC, para nomeação de bens à penhora.

Havendo pluralidade de devedores, a cada um deles será assegurado o direito de interposição de embargos, desde que garantido o juízo.

A defesa do executado por meio de embargos está restrita às alegações de cumprimento da decisão ou do acordo, quitação ou prescrição da dívida, na forma do disposto no § 1º do art. 884 da CLT[139].

Embora a CLT disponha de regra própria acima apontada, podem ser invocadas nos embargos as matérias elencadas no § 1º do art. 525 do CPC[140] e que tratam da falta ou nulidade da citação se, na fase de conhecimento, o processo correu à revelia,; ilegitimidade de parte;

---

139 A matéria de defesa será restrita às alegações de cumprimento da decisão ou do acordo, quitação ou prescrição da dívida.

140 Transcorrido o prazo previsto no art. 523 sem o pagamento voluntário, inicia-se o prazo de 15 (quinze) dias para que o executado, independentemente de penhora ou nova intimação, apresente, nos próprios autos, sua impugnação. § 1º Na impugnação, o executado poderá alegar: I - falta ou nulidade da citação se, na fase de conhecimento, o processo correu à revelia; II - ilegitimidade de parte; III - inexequibilidade do título ou inexigibilidade da obrigação; IV - penhora incorreta ou avaliação errônea; V - excesso de execução ou cumulação indevida de execuções; VI - incompetência absoluta ou relativa do juízo da execução; VII - qualquer causa modificativa ou extintiva da obrigação, como pagamento, novação, compensação, transação ou prescrição, desde que supervenientes à sentença.

inexequibilidade do título ou inexigibilidade da obrigação; penhora incorreta ou avaliação errônea; excesso de execução ou cumulação indevida de execuções; incompetência absoluta ou relativa do juízo da execução; qualquer causa modificativa ou extintiva da obrigação, tais como pagamento, novação, compensação, transação ou prescrição, desde que supervenientes à sentença.

Embargos à penhora podem ser opostos quando os temas articulados versarem sobre a constrição propriamente dita[141], sua realização, cumprimento de seus requisitos legais, avaliação do bem etc., sendo de interesse tanto do exequente quanto do executado a correção de quaisquer imperfeições, a fim de que a execução possa seguir seus trâmites até a efetivação do julgado exequendo.

A defesa do executado, na fase de execução, exige a garantia integral do juízo, uma vez que constitui requisito legalmente estabelecido como condição para processamento dos embargos, diante do disposto no art. 884 da CLT. Porém a jurisprudência tem admitido a possibilidade de interposição de embargos à execução com garantia parcial, entendendo que a ausência ou insuficiência de garantia do Juízo não se revela impedimento ao julgamento dos embargos à execução que, se rejeitados, trariam como consequência o imediato prosseguimento da execução mediante a realização da praça e pagamento parcial do exequente com satisfação

---

[141] Trânsito em julgado da decisão. Preclusão consumativa. Não houve interposição de recurso a tempo e modo insurgindo-se contra a decisão de embargos à penhora, requerendo a desconstituição da decisão que determinou a penhora do imóvel, restando claro que se trata de decisão que transitou em julgado e, por consequência, atraiu a preclusão consumativa, condição que impede o reexame da incidência do benefício legal da impenhorabilidade do bem de família, por afronta a disposição do art. 5º, inciso XXXVI, da Constituição Federal e art. 507 do CPC. Agravo de Petição não provido. (TRT da 2ª Região; Processo: 1003251-30.2013.5.02.0468; Data: 17/11/2021; Órgão Julgador: 14ª Turma - Cadeira 2 - 14ª Turma; Relator(a): DAVI FURTADO MEIRELLES).

parcial do julgado e suspensão da execução na conformidade da previsão prescrita no art. 40 da Lei nº 6.830/1980.

Segundo o disposto no § 3º do art. 884 da CLT[142], o executado também poderá impugnar a sentença de liquidação através de embargos à penhora, terminologia utilizada pelo legislador, impondo a obrigatoriedade de apontar de forma fundamentada as incorreções do cálculo, pois não se admitem impugnações genéricas que não contenham os valores e critérios de apuração em discussão.

Os embargos e as impugnações à sentença de liquidação serão julgados na mesma sentença, de acordo com a regra do § 4º do art. 884 da CLT[143].

O § 6º do art. 884 da CLT[144] dispensa as entidades filantrópicas da garantia do juízo ou penhora.

15.1.1 Procedimento dos embargos à execução

Os embargos à execução devem ser apresentados no prazo de 5 dias, contados da intimação da penhora que concretizou a garantia do juízo, e, regra geral, serão apreciados pelo juízo em que se processa a execução, salvo se esta for realizada por meio de Carta Precatória, caso em que os embargos serão julgados pelo juízo deprecante, de acordo com o disposto no art. 20 da Lei nº 6.830/1980[145], esclarecendo-

---

[142] Somente nos embargos à penhora poderá o executado impugnar a sentença de liquidação, cabendo ao exequente igual direito e no mesmo prazo.

[143] Julgar-se-ão na mesma sentença os embargos e as impugnações à liquidação apresentadas pelos credores trabalhista e previdenciário.

[144] A exigência da garantia ou penhora não se aplica às entidades filantrópicas e/ou àqueles que compõem ou compuseram a diretoria dessas instituições.

[145] Na execução por carta, os embargos do executado serão oferecidos no Juízo deprecado, que os remeterá ao Juízo deprecante, para instrução e julgamento. Parágrafo Único - Quando os embargos tiverem por objeto vícios ou irregularidades de atos do próprio Juízo deprecado, caber-lhe -á unicamente o julgamento dessa matéria.

se que, se os embargos versarem sobre vícios da penhora, avaliação ou alienação dos bens, o julgamento ocorrerá no juízo deprecado.

Importante atentar para a regra de garantia da execução por meio da penhora ou das demais garantias permitidas, que não se aplica às entidades filantrópicas diante do disposto no § 6º do art. 884 da CLT[146].

Apresentados os embargos, o embargado será intimado e poderá oferecer suas impugnações no prazo de 5 dias, de acordo com o art. 884 da CLT[147], sendo possível a realização de audiência de instrução dos embargos; encerrada esta, a decisão será proferida no prazo de 48 horas, segundo o disposto no art. 886 da CLT[148].

Embora o § 1º do art. 884 da CLT mencione as matérias oponíveis como defesa nos embargos (cumprimento da decisão ou do acordo, quitação ou prescrição da dívida), as matérias previstas no art. 918 do CPC[149] são passíveis de arguição nos embargos.

A sentença proferida em embargos será recorrível através de Agravo de Petição ao TRT no prazo de 8 dias.

---

[146] A exigência da garantia ou penhora não se aplica às entidades filantrópicas e/ou àqueles que compõem ou compuseram a diretoria dessas instituições.

[147] AGRAVO DE PETIÇÃO. GARANTIA DO JUÍZO. O art. 884 da CLT dispõe que, "garantida a execução ou penhorados os bens, terá o executado 5 (cinco) dias para apresentar embargos", e somente contra a decisão proferida em embargos à execução, que pressupõe a garantia do juízo, caberia o agravo de petição, nos termos do art. 897, "a", da CLT. Sem esse pressuposto de admissibilidade, não há como processar os embargos à execução, e, por conseguinte, tampouco o agravo de petição. Apelo não conhecido. (TRT da 2ª Região; Processo: 0091300-26.2009.5.02.0041; Data: 09/12/2021; Órgão Julgador: 10ª Turma - Cadeira 3 - 10ª Turma; Relator(a): KYONG MI LEE).

[148] Se tiverem sido arroladas testemunhas, finda a sua inquirição em audiência, o escrivão ou secretário fará, dentro de 48 (quarenta e oito) horas, conclusos os autos ao juiz ou presidente, que proferirá sua decisão, na forma prevista no artigo anterior.

[149] O juiz rejeitará liminarmente os embargos: I - quando intempestivos; II - nos casos de indeferimento da petição inicial e de improcedência liminar do pedido; III - manifestamente protelatórios. Parágrafo único. Considera-se conduta atentatória à dignidade da justiça o oferecimento de embargos manifestamente protelatórios.

15.1.2 Embargos à execução fundados em título executivo extrajudicial

Se a execução estiver fundada em título executivo extrajudicial[150] e embora a CLT não faça qualquer distinção entre o título judicial e o extrajudicial para fins de execução, o trâmite observará o disposto no art. 884 da CLT facultando ao executado a apresentação de embargos em 5 dias após a garantia do juízo.

Entretanto, considerando a substancial diferença na formação do título extrajudicial em relação ao título judicial, também poderão ser apresentadas como defesa as hipóteses previstas no art. 917 do CPC[151], guardadas as compatibilidades com o processo do trabalho.

---

150 Ementa: Documento particular assinado pela empresa devedora e por duas testemunhas. Título executivo extrajudicial. Possibilidade de execução imediata. Desnecessário o ajuizamento de ação de conhecimento e/ou monitória para conferir por sentença eficácia executiva já conferida por lei, sob pena de extinção do processo por falta de interesse processual (CPC, 485, VI). Aplicação dos arts. 781 e 784, III do CPC. (TRT da 2ª Região; Processo: 1001130-51.2020.5.02.0058; Data: 11/10/2021; Órgão Julgador: 13ª Turma - Cadeira 2 - 13ª Turma; Relator(a): RAFAEL EDSON PUGLIESE RIBEIRO).

151 Nos embargos à execução, o executado poderá alegar: I - inexequibilidade do título ou inexigibilidade da obrigação; II - penhora incorreta ou avaliação errônea; III - excesso de execução ou cumulação indevida de execuções; IV - retenção por benfeitorias necessárias ou úteis, nos casos de execução para entrega de coisa certa; V - incompetência absoluta ou relativa do juízo da execução; VI - qualquer matéria que lhe seria lícito deduzir como defesa em processo de conhecimento.

EXCEÇÃO DE PRÉ-EXECUTIVIDADE NO PROCESSO DO TRABALHO

O princípio do contraditório no processo de execução se reveste de peculiaridades especiais, porque, enquanto no processo de conhecimento o réu se manifesta ou opõe sua defesa antes da prática de qualquer ato, na execução essa manifestação só ocorre após a realização do ato, no caso, após a constrição de bens.

Assim sendo, não existem dúvidas de que no processo de conhecimento o contraditório efetiva-se de forma ampla e antecipada e no processo de execução de maneira restrita e posteriormente à prática do ato, que geralmente consiste na penhora de bens do executado, considerando-se que o objetivo da execução é a satisfação do crédito.

Criação da doutrina e da jurisprudência permite o sistema processual a oposição de defesa pelo executado contra a execução mesmo antes da garantia do juízo, ou seja, antes de consumada a constrição de bens, através da denominada exceção ou objeção de pré-executividade.

A exceção de pré-executividade tem natureza de incidente processual, adicionando uma porção de conhecimento dentro do processo de execução e que não se confunde com os embargos do devedor, surgindo como hipóteses cabíveis para arguição da referida exceção no processo do trabalho as condições da ação e pressupostos processuais, o pagamento, a prescrição, a novação, a impenhorabilidade do bem em se tratando de "bem de família" etc.

Verifica-se, assim, que, nas situações em que se mostram indevidas a ação executiva, procura-se impedir a constrição prévia do patrimônio do devedor para, posteriormente, facultar-se o exercício do contraditório e a defesa do executado.

Por tratar-se de incidente processual, a exceção de pré-executividade não possui forma especial ou prazo fixado para sua oposição, sugerindo-se que sua interposição ocorra logo após a citação do executado, com o objetivo de impedir a realização dos atos de constrição próprios da execução.

Assim, a arguição da exceção de pré-executividade[152] se fará por simples petição, inexistindo prazo preclusivo para sua apresentação, nem efeito de suspender o curso da execução; porém, necessário que sua oposição venha acompanhada de prova documental pré-constituída e suficiente ao acolhimento das razões que justifiquem a paralisação da execução, considerando-se que se reveste de procedimento hábil a

---

[152] Exceção de pré-executividade. Cabimento no processo do trabalho. É cabível a exceção de pré-executividade no processo do trabalho em casos específicos, envolvendo questões de ordem pública, como por exemplo, prescrição da dívida, ou ainda, fundamentadas em alegações que, de pronto, convençam o julgador acerca da injustiça ou do erro na execução. (TRT da 2ª Região; Processo: 0000424-90.2015.5.02.0016; Data: 14/12/2021; Órgão Julgador: 2ª Turma - Cadeira 3 - 2ª Turma; Relator(a): SONIA MARIA FORSTER DO AMARAL).

atacar defeito do título, desde que tal circunstância seja comprovada de plano através dos documentos apresentados.

Ressalte-se que as matérias alegadas na exceção de pré-executividade não sofrem os efeitos da preclusão, uma vez que as razões nela expostas podem ser objeto de reiteração através dos embargos à execução e do agravo de petição, por tratarem de matéria de ordem pública, possibilitando a alegação e conhecimento em qualquer tempo ou grau de jurisdição.

Apresentada a exceção de pré-executividade, o exequente deverá ser intimado para manifestação e posterior decisão pelo magistrado condutor da execução que, se acolher a exceção decretando a extinção do processo de execução, cabível será a oposição de agravo de petição.

Ao contrário, se rejeitada a exceção de pré-executividade e considerando que tal decisão tem natureza interlocutória, impossível recorrer-se imediatamente da decisão proferida[153]; porém, poderá o executado apresentar embargos com reiteração dos fundamentos apontados na exceção e, posteriormente, na hipótese de decisão desfavorável, interpor de agravo de petição que será apreciado pelo Tribunal Regional do Trabalho.

Por conseguinte, a exceção de pré-executividade presta-se à apresentação de defesa do executado antes da concretização da penhora para discussão da própria validade do título executado.

[153] AGRAVO DE PETIÇÃO. EXCEÇÃO DE PRÉ-EXECUTIVIDADE. DECISÃO INTERLOCUTÓRIA. A decisão que julga exceção de pré-executividade é interlocutória, portanto, irrecorrível na espécie, nos termos dos art. 893, §1º, e art. 897, "a", ambos da CLT. Apelo não conhecido. (TRT da 2ª Região; Processo: 1000837-18.2019.5.02.0446; Data: 25/11/2021; Órgão Julgador: 10ª Turma - Cadeira 3 - 10ª Turma; Relator(a): KYONG MI LEE.

EMBARGOS DE TERCEIRO

Os embargos de terceiros constituem ação autônoma incidental, que poderá ser oposta no processo de conhecimento (embora de difícil ocorrência) ou na execução, tendo por objetivo desconstituir a constrição havida sobre bens de terceiros que não têm qualquer vinculação com o processo[154].

Portanto, os embargos de terceiro têm por finalidade a proteção da posse ou da propriedade de[155] quem, não sendo parte no processo, sofrer turbação ou esbulho; considerando que a CLT não dispõe de

---

[154] EMBARGOS DE TERCEIRO. OPOSIÇÃO PELO DEVEDOR. NÃO CABIMENTO. Os embargos de terceiro devem ser manejados, em regra, por aquele que não é integrante do polo passivo da execução (CPC, art. 674), sendo certo que ao devedor a lei atribui a possibilidade de opor embargos à execução (CLT, art. 844). (TRT da 2ª Região; Processo: 1000351-32.2021.5.02.0262; Data: 09/12/2021; Órgão Julgador: 10ª Turma - Cadeira 3 - 10ª Turma; Relator(a): KYONG MI LEE).

155 Quem, não sendo parte no processo, sofrer constrição ou ameaça de constrição sobre bens que possua ou sobre os quais tenha direito incompatível com o ato constritivo, poderá requerer seu desfazimento ou sua inibição por meio de embargos de terceiro.

qualquer regramento nesse sentido, imperiosa a observação das regras contidas no art. 674 e seguintes do CPC, compatíveis com o processo do trabalho[156].

De acordo com o disposto no § 2º do art. 674 do CPC, considera-se terceiro:

> I – o cônjuge ou companheiro quando defender a posse de bens próprios ou a sua meação[157];
> II – o adquirente de bens quando a constrição originou-se de decisão que declara a ineficácia da alienação praticada em fraude à execução;
> III – quem sofrer constrição judicial de seus bens em face de desconsideração da personalidade jurídica de cujo incidente não fez parte;
> IV – o credor com garantia real para obstar expropriação judicial caso não tenha sido intimado.

Assim sendo, os embargos de terceiros deverão ser interpostos por petição dirigida ao juiz da execução, no prazo de cinco dias,

---

[156] DPJI. INCLUSÃO DO AGRAVANTE NO POLO PASSIVO E CONSTRIÇÃO DOS BENS ANTES DA CONCLUSÃO DO INCIDENTE. Dispõe o artigo 674, §2º, do CPC, que: "Art. 674. Quem, não sendo parte no processo, sofrer constrição ou ameaça de constrição sobre bens que possua ou sobre os quais tenha direito incompatível com o ato constritivo, poderá requerer seu desfazimento ou sua inibição por meio de embargos de terceiro. § 2º Considera-se terceiro, para ajuizamento dos embargos: I - o cônjuge ou companheiro, quando defende a posse de bens próprios ou de sua meação, ressalvado o disposto no art. 843;II - o adquirente de bens cuja constrição decorreu de decisão que declara a ineficácia da alienação realizada em fraude à execução ;III - quem sofre constrição judicial de seus bens por força de desconsideração da personalidade jurídica, de cujo incidente não fez parte; IV - o credor com garantia real para obstar expropriação judicial do objeto de direito real de garantia, caso não tenha sido intimado, nos termos legais dos atos expropriatórios respectivos. "Destarte, referido dispositivo legal fixou de forma clara as hipótese de cabimento de embargos de terceiro, sendo certo que a agravante está enquadrada na hipótese prevista no inciso III, eis que sua inclusão no polo passivo da execução foi realizada em tutela de urgência, e não há nos autos notícia de que o IDPJI já tenha sido finalizado. Reformo. (TRT da 2ª Região; Processo: 1000569-93.2021.5.02.0057; Data: 01/09/2021; Órgão Julgador: 4ª Turma - Cadeira 5 - 4ª Turma; Relator(a): IVANI CONTINI BRAMANTE).

[157] PENHORA DE BEM IMÓVEL. EMBARGOS DE TERCEIRO DE CÔNJUGE NÃO DEVEDOR. DEFESA DA MEAÇÃO. RESERVA DE METADE DO VALOR DE AVALIAÇÃO.O novo Código de Processo

contados do momento em que o interessado teve ciência da praça ou, eventualmente, da constrição de seu patrimônio.

Portanto, o limite para utilização dos embargos de terceiro inicia-se no momento em que o terceiro tem ciência da constrição de seu patrimônio e finda-se em até cinco dias depois da arrematação, adjudicação ou remição, mas sempre antes da assinatura da respectiva carta, valendo dizer, a oportunidade de apresentação dos embargos de terceiro tem como limite a assinatura da carta de arrematação, adjudicação ou remição, na conformidade da regra inserta no art. 675 do CPC[158].

Se houver necessidade, poderá ser realizada audiência para instrução probatória; caso contrário, o procedimento dos embargos ensejará a manifestação da parte contrária com a consequente prolação de sentença, recorrível através de agravo de petição, no prazo de oito dias, ao respectivo Tribunal Regional do Trabalho.

Quando os bens a serem constritos encontrarem-se fora da jurisdição em que se processa a execução, haverá necessidade de constrição judicial através de carta precatória e os embargos de

---

Civil, além de proteger a fração ideal dos demais coproprietários de bem indivisível, que não sejam nem devedores e tampouco responsáveis legais pelo adimplemento da obrigação que é de responsabilidade do outro coproprietário executado, ainda delimitou monetariamente a alienação judicial desse bem, visto que de acordo com o § 2º, do artigo 843 do CPC/2015, o bem indivisível somente poderá ser alienado se o valor da alienação for suficiente para garantir ao coproprietário alheio à execução o valor referente à sua meação ou quota-parte tendo como base a avaliação do bem. (TRT da 2ª Região; Processo: 1001420-93.2020.5.02.0049; Data: 09/08/2021; Órgão Julgador: 12ª Turma - Cadeira 1 - 12ª Turma; Relator(a): MARCELO FREIRE GONCALVES) Os embargos podem ser opostos a qualquer tempo no processo de conhecimento enquanto não transitada em julgado a sentença e, no cumprimento de sentença ou no processo de execução, até 5 (cinco) dias depois da adjudicação, da alienação por iniciativa particular ou da arrematação, mas sempre antes da assinatura da respectiva carta.

[158] Os embargos podem ser opostos a qualquer tempo no processo de conhecimento enquanto não transitada em julgado a sentença e, no cumprimento de sentença ou no processo de execução, até 5 (cinco) dias depois da adjudicação, da alienação por iniciativa particular ou da arrematação, mas sempre antes da assinatura da respectiva carta.

terceiros serão apreciados pelo juízo deprecante, de acordo com a regra prevista no art. 20 da Lei nº 6.830/1980, aplicado subsidiariamente ao processo do trabalho, bem como na Súmula 419 do TST[159].

17.1 Procedimento dos embargos de terceiro

A distribuição dos embargos de terceiro deverá ser realizada por dependência, em razão da conexidade entre as matérias a serem apreciadas pelo juízo em que se processa a execução.

Portanto, os embargos de terceiro correrão em apenso aos autos da execução e deverão ser instruídos com o auto de penhora, fundamento do direito do embargante violado através da constrição judicial.

A apresentação dos embargos de terceiro acarreta a suspensão da execução até sua decisão final, podendo tal suspensão dar-se de forma integral ou parcial, dependendo dos bens a que se refiram.

Recebidos os embargos de terceiro, o embargado será notificado para apresentação de sua defesa em quinze dias, segundo a norma contida no art. 679 do CPC[160], após o que o magistrado decidirá a propósito das questões levantadas pelas partes.

Inexistindo contestação do embargado, o julgamento dos embargos de terceiro deverá ocorrer imediatamente.

17.2 Sentença nos embargos de terceiro e seus efeitos

Quanto aos efeitos da sentença proferida em embargos de terceiro, encontram-se duas situações opostas:

---

[159] Na execução por carta precatória, os embargos de terceiro serão oferecidos no juízo deprecado, salvo se indicado pelo juízo deprecante o bem constrito ou se já devolvida a carta (art. 676, parágrafo único, do CPC de 2015).

[160] Os embargos poderão ser contestados no prazo de 15 (quinze) dias, findo o qual se seguirá o procedimento comum.

a. confirmada a licitude da constrição judicial, os embargos serão rejeitados e a execução seguirá seu curso normal, com a consequente liberação e transferência do bem ao arrematante ou adjudicante;
b. acolhida a arguição do terceiro, os bens constritos serão declarados insubsistentes e, consequentemente, determinado o levantamento da penhora sobre os bens constritos, prosseguindo a execução com realização de nova penhora sobre bens do devedor.

As sentenças proferidas em embargos de terceiro sujeitam-se à revisão mediante a apresentação de agravo de petição, no prazo de oito dias, ao respectivo Tribunal Regional do Trabalho, podendo, em caráter excepcional, ensejar recurso de revista ao Tribunal Superior do Trabalho, se concretizada a situação prevista na Súmula 266 do mesmo Tribunal[161].

---

[161] A admissibilidade do recurso de revista interposto de acórdão proferido em agravo de petição, na liquidação de sentença ou em processo incidente na execução, inclusive os embargos de terceiro, depende de demonstração inequívoca de violência direta à Constituição Federal.

BENS IMPENHORÁVEIS

Regra geral, os bens do devedor que apresentem valor econômico são passíveis de penhora, posto que o patrimônio do devedor responde, para a satisfação de suas obrigações, incluindo bens presentes e futuros, exceto as restrições legais estabelecidas no art. 832 do CPC[162], ao tratar dos bens considerados impenhoráveis ou inalienáveis.

A inalienabilidade normalmente abrange a impenhorabilidade, valendo dizer, todo bem inalienável é também impenhorável; porém, há bens que, embora impenhoráveis, são passíveis de alienação.

A impenhorabilidade pode ocorrer de forma absoluta ou relativa, de acordo com a regra contida no art. 833 do CPC[163] e, na falta de

---

[162] Não estão sujeitos à execução os bens que a lei considera impenhoráveis ou inalienáveis.

[163] Impenhorabilidade Execução. Expedição de ofício ao INSS para buscar aposentadorias/benefícios previdenciários. Impossibilidade. Diante da impenhorabilidade dos salários e benefícios previdenciários, expressa no caput do art. 833 do CPC, revela-se inócua a expedição de ofício que busca encontrar concessão de salários ou de benefícios previdenciários aos sócios executados

outros bens, podem ser penhorados os frutos e rendimentos dos bens inalienáveis, segundo o disposto no art. 834 do CPC[164].

18.1 Bem de família

A importância do bem de família reside no fato de que a moradia é considerada direito fundamental e a impenhorabilidade do bem de família constitui matéria de ordem pública, podendo ser oposta a qualquer tempo.

Conceitua-se o bem de família como o imóvel (residencial, urbano ou rural) utilizado como residência da entidade familiar, por força do casamento, união estável, entidade monoparental ou de outra origem, protegido legalmente, na medida em que seu objetivo é proteger a habitação da família, considerada como base da sociedade.

Regra geral a impenhorabilidade do bem de família é elemento fundamental do instituto, resguardado contra execução por dívidas desde o CC de 1916 com sucessivas inovações. Atualmente, regulamentado pelo art. 1711[165] e seguintes do CC e também pela Lei nº 8.009/1990.

Verifica-se, assim, que existem duas formas de bem de família:

> a) Bem de família voluntário, regulamentado pelos arts 1.711 a 1.722 do CC, podendo ser instituído pelos cônjuges, pela entidade familiar ou por terceiro, mediante escritura pública ou testamento, desde que

---

para fins de futura penhora dos valores eventualmente recebidos desta natureza. (Proc. 0178700-39.1996.5.02.0072 - 5ª Turma - AP - Rel. Ricardo Apostólico Silva - DeJT 11/11/2021).

[164] Podem ser penhorados, à falta de outros bens, os frutos e os rendimentos dos bens inalienáveis.

[165] Podem os cônjuges, ou a entidade familiar, mediante escritura pública ou testamento, destinar parte de seu patrimônio para instituir bem de família, desde que não ultrapasse um terço do patrimônio líquido existente ao tempo da instituição, mantidas as regras sobre a impenhorabilidade do imóvel residencial estabelecida em lei especial.

não ultrapasse um terço do patrimônio líquido das pessoas que fazem a instituição, esclarecendo que o limite imposto objetiva proteger eventuais credores;

B) Bem de família legal, disciplinado pela Lei nº 8.009/1990 que determina a impenhorabilidade do imóvel residencial, independentemente da instituição do bem de família convencional, valendo esclarecer que não depende de escritura, de registro e dos demais requisitos impostos pelo CC.

A regra contida no art. 1º da Lei nº 8.009/1990 conceitua o bem de família como: o imóvel residencial próprio do casal ou da entidade familiar, cujo atributo da impenhorabilidade não responderá por qualquer tipo de dívida civil, comercial, fiscal, previdenciária ou de outra natureza, contraída pelos cônjuges ou pelos pais ou filhos que sejam seus proprietários e nele residam, salvo nas hipóteses previstas nesta lei[166].

---

[166] BEM DE FAMÍLIA. PROPRIEDADE ÚNICA. DÚVIDA ACERCA DA TITULARIDADE. FRAUDE. RESIDÊNCIA. NÚCLEO FAMILIAR. PROVA. O art. 1º da Lei nº 8.009/1990 visa à proteção do imóvel residencial da família, tornando-o impenhorável. Segundo o artigo 5º da lei em comento, a impenhorabilidade recai sobre um imóvel utilizado como residência, ainda que a entidade familiar tenha outros imóveis também utilizados com a mesma finalidade residencial. Nesse último caso, a impenhorabilidade recai sobre o imóvel residencial de menor valor. Têm legitimidade para reclamar a impenhorabilidade do bem de família quaisquer de seus membros. Aliás, a impenhorabilidade é matéria de ordem pública que pode ser conhecida inclusive de ofício. Os direitos à moradia e à propriedade são tão caros à sociedade brasileira que se encontram resguardados na Constituição Federal (art. 6º, caput, e art. 5º, inciso XXII). Os Tribunais, principalmente o Superior Tribunal de Justiça, têm protegido o bem de família em interpretação menos literal da Lei nº 8.009/1990 e mais à luz da Constituição Federal, visando à garantia da moradia daqueles que têm laços de afeto e intimidade, entendendo "entidade familiar" sob tal enfoque. Tem protegido, inclusive, a moradia daquele que vive sozinho. Tem garantido a proteção àqueles que não residem no imóvel, mas dele retiram a subsistência através do recebimento dos seus frutos, como os alugueres. É possível a proteção do imóvel, ainda que o efetivo proprietário nele não resida, desde que seja utilizado como residência pelo núcleo familiar, como nos casos em que residem os genitores, com ou sem usufruto. Não é necessária a prova de que o bem é o único de propriedade do devedor. Basta que se demonstre a residência. Demonstrada a residência, o ônus de demonstrar que existem outros imóveis de menor valor também destinados à residência é do exequente. Nada há nos autos nesse sentido. A existência de outros bens imóveis em nome do executado ou eventual fraude acerca

Importante avanço no conceito da entidade familiar surgiu com a Súmula 364 do STJ[167], interpretando extensivamente a proteção da moradia para atingir o imóvel onde resida pessoa solteira, separada ou viúva.

Portanto, a impenhorabilidade somente poderá ser reconhecida se o imóvel for utilizado para residência ou moradia permanente da entidade familiar[168], abrangidos os bens móveis que guarneçam a residência, dispondo o art. 3º da Lei nº 8.009/1990 que a impenhorabilidade é oponível em qualquer processo de execução civil, fiscal, previdenciária, trabalhista ou de outra natureza exceto:

> I – pelo titular do crédito decorrente do financiamento destinado à construção ou à aquisição do imóvel, no limite dos créditos e acréscimos constituídos em função do respectivo contrato, porque a edificação

---

da titularidade de outros imóveis (há um imóvel em Santo André que já serviu de residência ao agravante, mas que, atualmente, encontra-se em nome de seus filhos) não autoriza a penhora do bem de família, no caso, o de matrícula de nº 162.671, porque esse, sem margem de dúvida razoável, é utilizado como residência do executado e de sua esposa. Isso basta para a identificação da impenhorabilidade deste bem específico. Eventuais medidas processuais adequadas devem ser dirigidas aos bens não utilizados como residência e que, por isso, não gozam da proteção da Lei nº 8.009/1990. (TRT da 2ª Região; Processo: 1001178-31.2019.5.02.0612; Data: 14/06/2021; Órgão Julgador: 12ª Turma - Cadeira 5 - 12ª Turma; Relator(a): MARIA ELIZABETH MOSTARDO NUNES).

[167] O conceito de impenhorabilidade do bem de família abrange também o imóvel pertencente a pessoas solteiras, separadas e viúvas.

[168] EXECUÇÃO. BEM DE FAMÍLIA. IMPENHORABILIDADE. REQUISITO ÚNICO. O art. 1º da Lei 8.009/1990 dispõe que o imóvel residencial próprio do casal ou da entidade familiar é impenhorável e não responderá por qualquer tipo de dívida civil, comercial, fiscal, previdenciária ou de outra natureza, contraída pelos cônjuges ou pelos pais ou filhos que sejam seus proprietários e nele residam e no parágrafo único há ampliação do conceito para que a impenhorabilidade compreenda o imóvel sobre o qual se assentam a construção, as plantações, as benfeitorias de qualquer natureza e todos os equipamentos, inclusive os de uso profissional, ou móveis que guarnecem a casa, desde que quitados. Exige-se unicamente que o único imóvel do devedor sirva para sua moradia permanente, ou de sua família. Situação fático-jurídica comprovada. Agravo de Petição do executado provido. (TRT da 2ª Região; Processo: 0001773-42.2013.5.02.0035; Data: 05/11/2021; Órgão Julgador: 13ª Turma - Cadeira 4 - 13ª Turma; Relator(a): CINTIA TAFFARI).

erguida com empréstimo obtido de instituição bancária (construção ou aquisição) não isenta o imóvel de penhora na execução;

II – pelo credor da pensão alimentícia, resguardados os direitos, sobre o bem, do seu coproprietário que, com o devedor, integre união estável ou conjugal, observadas as hipóteses em que ambos responderão pela dívida;

III – para cobrança de impostos, predial ou territorial, taxas e contribuições devidas em função do imóvel familiar, ainda que gravado com cláusula de inalienabilidade ou impenhorabilidade o imóvel poderá servir para pagamento de dívida tributária, citando-se como exemplo o IPTU;

IV – para execução de hipoteca sobre o imóvel oferecido como garantia real pelo casal ou pela entidade familiar, hipótese em que o devedor ofereceu o bem de família como garantia real;

V – por ter sido adquirido com produto de crime ou para execução de sentença penal condenatória a ressarcimento, indenização ou perdimento de bens, ou seja, se o bem de família foi adquirido com produto do crime, não resta dúvida que o mesmo bem responde em sua totalidade, diante da origem criminosa dos valores utilizados para sua aquisição, citando-se como exemplo a condenação por improbidade administrativa;

VI – por obrigação decorrente de fiança concedida em contrato de locação.

Pode-se concluir que a Lei nº 8.009/1990 beneficia o devedor e, uma vez constrito o bem de família, poderá o executado utilizar-se dos embargos do devedor, se ainda cabíveis ou da exceção de pré-executividade para defesa de sua propriedade constituída sob o bem de família.

Verifica-se, também, a possível existência de conflito entre normas de igual valor, a saber, de um lado, o interesse do devedor pretender o reconhecimento da impenhorabilidade do bem de família e de outro, o trabalhador em almejar a execução do bem para a integral satisfação de seu crédito.

Discussões frequentes ocorrem quando o executado possui mais de um imóvel, direcionando-se o entendimento jurisprudencial no sentido de que a impenhorabilidade deva recair sobre o de menor valor.

RECURSOS NA EXECUÇÃO TRABALHISTA

Os recursos constituem meio adequado para provocar a reforma de sentença judicial desfavorável, possibilitando que os Tribunais procedam à revisão das decisões proferidas pelas Varas do Trabalho; referido procedimento é conhecido como princípio do duplo grau de jurisdição.

O art. 893 da CLT[169] elenca os diversos recursos admissíveis no processo do trabalho que, de acordo com a sua extensão, os recursos podem ser totais ou parciais, se atacarem, respectivamente, toda a decisão proferida ou parte dela.

[169] Das decisões são admissíveis os seguintes recursos: I - embargos; II - recurso ordinário; III - recurso de revista; IV - agravo.

Nos recursos ordinários permite-se a discussão de matéria fática, enquanto nos extraordinários, apenas as questões de direito podem ser discutidas.

No que respeita aos recursos de natureza extraordinária, entre os quais se inclui o RR, além do preenchimento dos requisitos de admissibilidade próprios dos apelos em geral (pressupostos extrínsecos), haverá a necessidade da observância de pressupostos especiais (pressupostos intrínsecos), conforme se verificará oportunamente.

19.1 Agravo de petição

Previsto no art. 897, *a*, da CLT[170], o agravo de petição é o recurso típico da fase de execução, cabível contra as decisões proferidas nos embargos à execução, à penhora, à arrematação, à adjudicação e de terceiro, envolvendo sentença de mérito ou terminativa[171].

De acordo com o disposto no § 1º do art. 897 da CLT[172], o agravo de petição, para ser recebido e processado, exige que o agravante delimite, justificadamente, as matérias e os valores impugnados, inclusive quanto às contribuições previdenciárias, permitindo-se a

---

[170] Cabe agravo, no prazo de 8 (oito) dias: a) de petição, das decisões do Juiz ou Presidente, nas execuções.

[171] AGRAVO DE PETIÇÃO. DECRETAÇÃO DE FALÊNCIA DA EXECUTADA. POSSIBILIDADE DE PROSSEGUIMENTO DA EXECUÇÃO NA JUSTIÇA DO TRABALHO. Declarada a falência posteriormente à desconsideração da personalidade jurídica dos sócios, é competência desta Justiça Especializada prosseguir com os atos executórios, posto inexistir confusão entre os bens dos sócios e da empresa (art. 1.024 CC e art. 795 do CPC) (TRT da 2ª Região; Processo: 0000008-37.2017.5.02.0054; Data: 17/12/2021; Órgão Julgador: 3ª Turma - Cadeira 5 - 3ª Turma; Relator(a): ROSANA DE ALMEIDA BUONO).

[172] O agravo de petição só será recebido quando o agravante delimitar, justificadamente, as matérias e os valores impugnados, permitida a execução imediata da parte remanescente até o final, nos próprios autos ou por carta de sentença.

execução imediata do remanescente, segundo o disposto na Súmula 416 do TST[173].

19.1.1 Procedimento do agravo de petição

O agravo de petição deverá ser interposto no prazo de 8 dias, contados da prolação da decisão proferida em execução, não estando sujeito a qualquer preparo, na medida em que o juízo se encontra garantido através da penhora realizada.

Após a apresentação do agravo, o agravado será intimado para manifestar-se a respeito das alegações apresentadas no prazo de 8 dias, após o que os autos serão encaminhados ao Tribunal Regional do Trabalho para julgamento por uma de suas Turmas.

19.2 Recurso de revista

O recurso de revista constitui recurso de natureza extraordinária, encontrando-se previsto no art. 896 da CLT[174] que dispõe sobre suas hipóteses de cabimento, tendo por objetivo e finalidade uniformizar a interpretação das legislações de ordem estadual, federal e constitucional, no âmbito da competência da Justiça do Trabalho.

---

[173] Devendo o agravo de petição delimitar justificadamente a matéria e os valores objeto de discordância, não fere direito líquido e certo o prosseguimento da execução quanto aos tópicos e valores não especificados no agravo. (ex-OJ nº 55 da SBDI-2 - inserida em 20/09/2000).

[174] Cabe Recurso de Revista para Turma do Tribunal Superior do Trabalho das decisões proferidas em grau de recurso ordinário, em dissídio individual, pelos Tribunais Regionais do Trabalho, quando: a) derem ao mesmo dispositivo de lei federal interpretação diversa da que lhe houver dado outro Tribunal Regional do Trabalho, no seu Pleno ou Turma, ou a Seção de Dissídios Individuais do Tribunal Superior do Trabalho, ou contrariarem súmula de jurisprudência uniforme dessa Corte ou súmula vinculante do Supremo Tribunal Federal; b) derem ao mesmo dispositivo de lei estadual, Convenção Coletiva de Trabalho, Acordo Coletivo, sentença normativa ou regulamento empresarial de observância obrigatória em área territorial que exceda a jurisdição do Tribunal Regional prolator da decisão recorrida, interpretação divergente, na forma da alínea a; c) proferidas com violação literal de disposição de lei federal ou afronta direta e literal à Constituição Federal.

Constituem requisitos do RR:

a. Petição de apresentação do RR acompanhada das razões que o fundamentam;
b. Depósito recursal cujo valor corresponde ao dobro do que seria recolhido para a tramitação do RO;
c. Demonstração de uma das hipóteses previstas nas alíneas do 896 da CLT;
d. Acórdão do TRT proferido em dissídio individual;
e. Preenchimento dos requisitos previstos no § 1º-A do art. 896 da CLT, sob pena de não conhecimento do RR;
f. Legitimidade;
g. Interesse;
h. Prequestionamento na conformidade da Súmula 297 do TST[175].

Importante lembrar que a discussão que se trava no RR é de direito, valendo dizer que não se discute no seu âmbito a validade ou correta apreciação das provas produzidas, segundo o entendimento majoritário contido na Súmula 126 do TST que impede o reexame de fatos e provas[176].

A regra geral é de que não cabe recurso de revista quando o processo se encontra em fase de execução, salvo se houver ofensa direta e literal de norma da Constituição Federal.

---

[175] I. Diz-se prequestionada a matéria ou questão quando na decisão impugnada haja sido adotada, explicitamente, tese a respeito.
II. Incumbe à parte interessada, desde que a matéria haja sido invocada no recurso principal, opor embargos declaratórios objetivando o pronunciamento sobre o tema, sob pena de preclusão.
III. Considera-se prequestionada a questão jurídica invocada no recurso principal sobre a qual se omite o Tribunal de pronunciar tese, não obstante opostos embargos de declaração.

[176] Incabível o recurso de revista ou de embargos (arts. 896 e 894, "b", da CLT) para reexame de fatos e provas.

Portanto, para levar acórdão proferido por TRT em fase de execução à apreciação de RR perante o TST, o recorrente deverá demonstrar a violação direta e literal à Constituição.

Nesse cenário, o acórdão proferido em processo em fase de execução em agravo de petição decorrente de embargos à execução ou embargos de terceiro deverá afrontar direta e literalmente disposição constitucional, diante do entendimento jurisprudencial contido na Súmula 266 do TST[177].

Portanto, as razões do RR devem envolver afronta a dispositivo de lei federal ou constitucional, bem como interpretação divergente daquela que foi conferida por outros tribunais regionais, pela Seção de Dissídios Individuais do TST ou pelas súmulas daquela Corte Superior, da legislação federal ou estadual, e até mesmo de normas empresariais; essas duas últimas em caso de observância em área que exceda a jurisdição de mais de um regional ou proferidas com violação direta e literal da Constituição, diante da regra contida no art. 896 da CLT, caput e alíneas.

A uniformização da jurisprudência reside na necessidade de ordem pública de unificar a interpretação do direito material e processual em todo o país, exigindo-se que a divergência jurisprudencial seja atual, diante do disposto no § 7º do art. 896 da CLT[178], esclarecendo-se que o RR somente poderá ser interposto contra decisão que decidir

---

[177] A admissibilidade do recurso de revista interposto de acórdão proferido em agravo de petição, na liquidação de sentença ou em processo incidente na execução, inclusive os embargos de terceiro, depende de demonstração inequívoca de violência direta à Constituição Federal.

[178] A divergência apta a ensejar o recurso de revista deve ser atual, não se considerando como tal a ultrapassada por súmula do Tribunal Superior do Trabalho ou do Supremo Tribunal Federal, ou superada por iterativa e notória jurisprudência do Tribunal Superior do Trabalho.

o mérito da causa ou de decisão interlocutória, segundo as hipóteses previstas na Súmula 214 do TST[179].

O RR depende de ter sido prequestionada a matéria na fundamentação para o consequente conhecimento, porque, se não tiver ocorrido o enfrentamento da matéria, exige-se a apresentação de embargos declaratórios de acordo com os entendimentos adotados pelas Súmulas 184[180] e 297[181] e TST.

Na execução de sentença, o cabimento do RR fica restrito à demonstração de violência direta e literal à Lei Maior[182], na forma

---

[179] Na Justiça do Trabalho, nos termos do art. 893, § 1º, da CLT, as decisões interlocutórias não ensejam recurso imediato, salvo nas hipóteses de decisão: a) de Tribunal Regional do Trabalho contrária à Súmula ou Orientação Jurisprudencial do Tribunal Superior do Trabalho; b) suscetível de impugnação mediante recurso para o mesmo Tribunal; c) que acolhe exceção de incompetência territorial, com a remessa dos autos para Tribunal Regional distinto daquele a que se vincula o juízo excepcionado, consoante o disposto no art. 799, § 2º, da CLT.

[180] Ocorre preclusão se não forem opostos embargos declaratórios para suprir omissão apontada em recurso de revista ou de embargos.

[181] I. Diz-se prequestionada a matéria ou questão quando na decisão impugnada haja sido adotada, explicitamente, tese a respeito.
II. Incumbe à parte interessada, desde que a matéria haja sido invocada no recurso principal, opor embargos declaratórios objetivando o pronunciamento sobre o tema, sob pena de preclusão.
III. Considera-se prequestionada a questão jurídica invocada no recurso principal sobre a qual se omite o Tribunal de pronunciar tese, não obstante opostos embargos de declaração.

[182] "I - AGRAVO DE INSTRUMENTO. RECURSO DE REVISTA. FASE DE EXECUÇÃO. APELO SUBMETIDO À LEI Nº 13.467/2017. TRANSCENDÊNCIA POLÍTICA. EXISTÊNCIA. GRUPO ECONÔMICO. IMPOSSIBILIDADE DE RECONHECIMENTO COM BASE APENAS NA EXISTÊNCIA DE RELAÇÃO DE COORDENAÇÃO ENTRE AS EMPRESAS. Considerando-se a viabilidade da indicada violação literal e direta do artigo 5º, II, da Constituição Federal, deve ser reconhecida a transcendência política da questão, a ensejar o provimento ao agravo de instrumento para determinar o julgamento do recurso de revista. Agravo de instrumento provido. II - RECURSO DE REVISTA. APELO SUBMETIDO À LEI Nº 13.467/2017. TRANSCENDÊNCIA POLÍTICA. EXISTÊNCIA. GRUPO ECONÔMICO. IMPOSSIBILIDADE DE RECONHECIMENTO COM BASE APENAS NA EXISTÊNCIA DE RELAÇÃO DE COORDENAÇÃO ENTRE AS EMPRESAS. FASE DE EXECUÇÃO. OFENSA AO ART. 5º, II, DA CONSTITUIÇÃO FEDERAL CONFIGURADA. Verificada a transcendência política da questão objeto do recurso de revista, e tendo em vista a Subseção I Especializada em Dissídios Individuais do TST firmou entendimento no sentido de que a formação de grupo econômico entre empresas pressupõe a existência de controle e fiscalização por uma empresa líder, não sendo suficiente a mera relação de coordenação entre as pessoas jurídicas, tem-se que o Tribunal Regional, ao reconhecer a responsabilidade solidária da Recorrente com base no artigo 2º, § 2º, da CLT, ao fundamento de que estaria presente a coordenação entre as empresas, incorreu em violação do

do disposto no § 2º do art. 896 da CLT[183], cabendo seu conhecimento e julgamento por uma das Turmas do TST.

O art. 896-A[184] da CLT e seus parágrafos dispõem sobre a transcendência de natureza econômica, política, social e jurídica que deve ser demonstrada pelo recorrente, sob pena de não conhecimento do RR[185].

19.2.1 Procedimento do recurso de revista

Proferido acórdão pelo Tribunal Regional, o recorrente deverá apresentar seu RR no prazo de 8 dias a partir de sua publicação, que será apreciado pelo Vice-Presidente Judicial no âmbito do TRT da 2ª Região que aferirá os pressupostos recursais, recebendo ou denegando seguimento ao recurso (art. 170 do RI do TRT2).

---

princípio da legalidade, na medida em que instituída obrigação sem previsão legal. Precedentes. Recurso de revista conhecido e provido" (RR-871-86.2010.5.01.0079, 8ª Turma, Relator Ministro Emmanoel Pereira, DEJT 17/12/2021).

[183] Das decisões proferidas pelos Tribunais Regionais do Trabalho ou por suas Turmas, em execução de sentença, inclusive em processo incidente de embargos de terceiro, não caberá Recurso de Revista, salvo na hipótese de ofensa direta e literal de norma da Constituição Federal.

[184] O Tribunal Superior do Trabalho, no recurso de revista, examinará previamente se a causa oferece transcendência com relação aos reflexos gerais de natureza econômica, política, social ou jurídica. § 1o São indicadores de transcendência, entre outros :I - econômica, o elevado valor da causa; II - política, o desrespeito da instância recorrida à jurisprudência sumulada do Tribunal Superior do Trabalho ou do Supremo Tribunal Federa; IIII - social, a postulação, por reclamante-recorrente, de direito social constitucionalmente assegurado; IV - jurídica, a existência de questão nova em torno da interpretação da legislação trabalhista.

[185] TRANSCENDÊNCIA. A admissibilidade do recurso de revista interposto na fase de execução está restrita à demonstração de ofensa à literalidade de dispositivo constitucional, nos termos do art. 896, § 2º, da CLT. A jurisprudência desta Corte Superior é pacífica quanto à possibilidade de redirecionamento da execução ao devedor subsidiário que participou da relação processual, inexistindo benefício de ordem entre este e o devedor principal. Precedentes. Óbices das Súmulas 333 e 266 do TST à admissibilidade do recurso de revista. Não preenchido, assim, em nenhuma de suas vertentes, o requisito da transcendência, não há como dar prosseguimento ao recurso de revista obstado. Agravo de instrumento conhecido e não provido" (AIRR-78500-60.2009.5.04.0024, 8ª Turma, Relator Ministro Emmanoel Pereira, DEJT 17/12/2021).

Denegado seguimento do RR, o recorrente poderá interpor agravo de instrumento em 8 dias da respectiva decisão, com apresentação das peças obrigatórias para sua formação, intimando-se o agravado para apresentar contrarrazões em 8 dias; mantida a decisão denegatória, o AI será remetido ao TST (art. 170 e seguintes do RI do TRT2).

De acordo com o disposto no art. 251 do RI do TST, distribuído o RR ou provido o AI, o ministro relator poderá:

a. não conhecer do RR;
b. negar provimento ao RR;
c. dar provimento ao RR.

De acordo com a regra contida no § 2º do art. 896-A da CLT[186], o Ministro Relator do RR poderá, monocraticamente, denegar seguimento ao apelo se não demonstrada a transcendência, hipótese em que caberá agravo que será apreciado pelo colegiado (Turma).

Se concluída pela ausência de transcendência, poderá o recorrente sustentar oralmente suas razões por 5 minutos em sessão, na forma do § 3º do 896-A da CLT[187].

Mantida a decisão do ministro relator quanto à ausência de transcendência, não caberá qualquer outro recurso, por tratar-se de decisão irrecorrível no âmbito do tribunal de acordo com o disposto no § 4º do art. 896-A da CLT[188].

De igual forma, em se tratando de AIRR, poderá o ministro relator, monocraticamente, concluir pela inexistência da transcendência,

---

[186] Poderá o relator, monocraticamente, denegar seguimento ao recurso de revista que não demonstrar transcendência, cabendo agravo desta decisão para o colegiado.

[187] Em relação ao recurso que o relator considerou não ter transcendência, o recorrente poderá realizar sustentação oral sobre a questão da transcendência, durante cinco minutos em sessão.

[188] Mantido o voto do relator quanto à não transcendência do recurso, será lavrado acórdão com fundamentação sucinta, que constituirá decisão irrecorrível no âmbito do tribunal.

decisão esta que também terá caráter irrecorrível, de acordo com a regra do § 5º do art. 896-A da CLT[189].

Diante da regra contida no § 10 do art. 896 da CLT[190], cabe RR nas execuções fundadas em título extrajudicial, execução fiscal e certidão negativa de débitos trabalhistas.

19.3 Embargos de declaração

Previstos no art. 897-A da CLT[191], os embargos de declaração constituem meio destinado a eliminar do julgado (sentença ou acórdão) eventuais imperfeições, tais como, omissões, contradições ou obscuridade, com o objetivo de complementar a atividade jurisdicional[192].

De acordo com a regra contida no art. 1022 do CPC, cabem embargos de declaração conta qualquer decisão judicial para:

> I – esclarecer obscuridade (falta de clareza) ou eliminar contradição (conflito entre duas ou mais proposições);
> II – suprir omissão (falta de apreciação) de ponto ou questão sobre o qual devia se pronunciar o juiz de ofício ou a requerimento;
> III – corrigir erro material.

---

[189] É irrecorrível a decisão monocrática do relator que, em agravo de instrumento em recurso de revista, considerar ausente a transcendência da matéria.

[190] Cabe recurso de revista por violação a lei federal, por divergência jurisprudencial e por ofensa à Constituição Federal nas execuções fiscais e nas controvérsias da fase de execução que envolvam a Certidão Negativa de Débitos Trabalhistas (CNDT), criada pela Lei no 12.440, de 7 de julho de 2011.

[191] Caberão embargos de declaração da sentença ou acórdão, no prazo de cinco dias, devendo seu julgamento ocorrer na primeira audiência ou sessão subsequente a sua apresentação, registrado na certidão, admitido efeito modificativo da decisão nos casos de omissão e contradição no julgado e manifesto equívoco no exame dos pressupostos extrínsecos do recurso.

[192] "EMBARGOS DE DECLARAÇÃO. RESPONSABILIDADE SUBSIDIÁRIA. JULGADO EM QUE NÃO SE VERIFICAM OS VÍCIOS ELENCADOS NOS ARTIGOS 897-A DA CONSOLIDAÇÃO

19.3.1 Procedimento dos embargos de declaração

Ocorrendo qualquer das hipóteses acima apontadas, deverá o interessado apresentar embargos de declaração no prazo de 5 dias da ciência do julgado, dirigidos ao magistrado prolator da sentença ou acórdão, com indicação das razões pelas quais há necessidade de correção da decisão proferida.

Os embargos de declaração interrompem o prazo para apresentação de outro recurso, cujo restabelecimento ocorrerá após a sentença que apreciar os embargos; porém, se não forem conhecidos ou indeferidos liminarmente na hipótese de intempestividade, não haverá a interrupção do prazo recursal, diante do disposto no § 3º do art. 897-A da CLT[193].

Os embargos de declaração podem ensejar efeito modificativo de acordo com o disposto no art. 897-A da CLT e na conformidade do entendimento jurisprudencial cristalizado na Súmula 278 do TST[194], sendo necessária a garantia do contraditório prévio à parte contrária, no prazo de 5 dias, na forma § 2º [195]do mesmo dispositivo legal.

DAS LEIS DO TRABALHO E 1.022 DO ATUAL CÓDIGO DE PROCESSO CIVIL. Os Embargos de Declaração têm suas hipóteses de cabimento restritas àquelas exaustivamente elencadas nos artigos 897-A da Consolidação das Leis do Trabalho e 1.022 do Código de Processo Civil atual. Não se verificando omissão, contradição ou obscuridade no julgado objeto dos Embargos de Declaração, impõe-se negar-lhes provimento. Embargos de Declaração não providos" (ED-AIRR-20407-35.2017.5.04.0021, 6ª Turma, Relator Ministro Lelio Bentes Correa, DEJT 17/12/2021).

[193] Os embargos de declaração interrompem o prazo para interposição de outros recursos, por qualquer das partes, salvo quando intempestivos, irregular a representação da parte ou ausente a sua assinatura.

[194] A natureza da omissão suprida pelo julgamento de embargos declaratórios pode ocasionar efeito modificativo no julgado.

[195] Eventual efeito modificativo dos embargos de declaração somente poderá ocorrer em virtude da correção de vício na decisão embargada e desde que ouvida a parte contrária, no prazo de 5 (cinco) dias

Importante ressaltar que os embargos de declaração podem ensejar o questionamento da matéria segundo o disposto na Súmula 297 do TST[196].

Se os embargos forem declarados protelatórios, o magistrado condenará o embargante ao pagamento de multa não excedente a 2% sobre o valor atualizado da causa em favor do embargo, segundo a regra contida no § 2º[197] do art. 1.026 do CPC[198].

---

[196] I. Diz-se prequestionada a matéria ou questão quando na decisão impugnada haja sido adotada, explicitamente, tese a respeito.
II. Incumbe à parte interessada, desde que a matéria haja sido invocada no recurso principal, opor embargos declaratórios objetivando o pronunciamento sobre o tema, sob pena de preclusão.
III. Considera-se prequestionada a questão jurídica invocada no recurso principal sobre a qual se omite o Tribunal de pronunciar tese, não obstante opostos embargos de declaração.

[197] Quando manifestamente protelatórios os embargos de declaração, o juiz ou o tribunal, em decisão fundamentada, condenará o embargante a pagar ao embargado multa não excedente a dois por cento sobre o valor atualizado da causa.

[198] "AGRAVO EM AGRAVO DE INSTRUMENTO EM RECURSO DE REVISTA. ACÓRDÃO REGIONAL PUBLICADO NA VIGÊNCIA DA LEI Nº 13.467/2017. 1. DECISÃO MONOCRÁTICA DO RELATOR QUE DENEGA SEGUIMENTO AO AGRAVO DE INSTRUMENTO. NÃO DEMONSTRAÇÃO DO PREENCHIMENTO DOS PRESSUPOSTOS DE ADMISSIBILIDADE DO RECURSO DE REVISTA. RITO SUMARÍSSIMO. AUSÊNCIA DE TRANSCENDÊNCIA. CONHECIMENTO E NÃO PROVIMENTO. I. Fundamentos da decisão agravada não desconstituídos. 1.1. NULIDADE POR NEGATIVA DE PRESTAÇÃO JURISDICIONAL. I. A Reclamada não indica precisamente os pontos que não teriam sido examinados pela Corte Regional, tampouco o consequente prejuízo que justificaria a pretendida declaração de nulidade do julgado, apenas limita-se a transcrever, na íntegra, os embargos declaratórios por ela opostos. No entanto, tão-somente a transcrição da peça de embargos de declaração nas razões recursais não supre a necessidade das partes de impugnar especificamente os pontos contra os quais se insurgem. II. Não cabe a esta Corte fazer o cotejo entre as questões articuladas no recurso ordinário e os fundamentos do acórdão regional para, com isso, aferir se foram (ou não) apreciados todos os argumentos recursais relevantes. 1.2. RESPONSABILIDADE SUBSIDIÁRIA. PRIVATIZAÇÃO DE ENTE PÚBLICO. CONTRATO DE TRABALHO FIRMADO E FINALIZADO EM PERÍODO POSTERIOR À PRIVATIZAÇÃO. SÚMULA N.º 331, IV DO TST. I. A decisão regional, em que se adotou a sentença e reconheceu a responsabilidade subsidiária da Recorrente (pessoa jurídica de direito privado e tomadora dos serviços prestados) pelos débitos trabalhistas deferidos ao Reclamante, está em conformidade com a Súmula nº 331, IV, do TST, razão pela qual não se processa o recurso de revista à luz dos arts. 896, § 7º, da CLT e da Súmula nº 333 do TST. II. É fato público que o GRUPO ENEL assumiu o controle acionário da CELG, em 14/02/2017, mediante a aquisição de 94,8% das ações da empresa privatizada. Diante disso, em virtude da privatização, a CELG -D deixou de integrar a Administração Pública a partir de tal data, cessando as prerrogativas próprias dos entes públicos quanto à responsabilização subsidiária,

19.4 Agravo de instrumento

O agravo de instrumento no processo do trabalho tem finalidade diversa da admitida no processo civil, pois enquanto no foro civil se destina a discutir decisões interlocutórias (irrecorríveis em sede trabalhista), em sede trabalhista serve para destrancar recurso retido em razão de ter sido denegado seu processamento, encontrando-se previsto no art. 897, *b*[199], da CLT[200].

Incumbe à parte a formação do instrumento, de acordo com o disposto no § 5º do art. 897, *b*, da CLT[201], sob pena de não conhecimento

---

tratadas na Súmula nº 331, V, do TST. III. Assim, alterada sua personalidade jurídica, ficou a Recorrente excluída da tipificação do art. 71, §1º, da Lei nº 8.666/1993, passando a responder subsidiariamente pelas obrigações trabalhistas inadimplidas da prestadora de serviços, nos termos do item IV da Súmula nº 331 do TST, de modo que o Ente privado responde subsidiariamente pelo descumprimento das normas trabalhistas e também pelas obrigações previdenciárias, nos termos do item IV da Súmula 331 do TST, sendo irrelevante comprovar a inexistência de culpa/negligência da CELG (tomadora de serviços) na escolha e na vigilância/fiscalização do contrato de prestação de serviços firmado com a empresa terceirizada, à luz do item V da Súmula 331 do TST . 1.3. MULTA POR EMBARGOS DE DECLARAÇÃO PROTELATÓRIOS. I. Com exceção das hipóteses em que a parte Recorrente demonstre flagrante arbitrariedade na cominação da aludida multa, não cabe a esta Corte Superior afastar a aplicação da penalidade em epígrafe, pois a conveniência de sua aplicação se situa no âmbito discricionário do julgador. II. Na hipótese, a Agravante manejou os embargos de declaração com o propósito protelatório, já que não se constatou os alegados vícios procedimentais, aptos a serem sanados pela via recursal eleita. III. Agravo de que se conhece e a que se nega provimento, com aplicação da multa de 2% sobre o valor da causa atualizado pela SELIC, em favor da parte Agravada, com fundamento no art. 1.021, § 4º, do CPC/2015" (Ag-AIRR-11462-49.2019.5.18.0005, 4ª Turma, Relator Ministro Alexandre Luiz Ramos, DEJT 17/12/2021).

[199] Cabe agravo, no prazo de 8 (oito) dias: b) de instrumento, dos despachos que denegarem a interposição de recursos.

[200] "AGRAVO EM AGRAVO DE INSTRUMENTO. ACÓRDÃO REGIONAL PROFERIDO EM AGRAVO DE INSTRUMENTO. SÚMULA 218 DO TST. ALEGAÇÃO E NEGATIVA DE PRESTAÇÃO JURISDICIONAL. Não ficou demonstrado o desacerto da decisão monocrática que negou provimento ao agravo de instrumento. Esclarecimentos acerca da inexistência de negativa de prestação jurisdicional. Reclamante condenada ao pagamento de custas ante o não comparecimento à audiência, sem qualquer justificativa. Recurso ordinário não recebido, porquanto considerado deserto. Agravo não provido, sem incidência da multa" (Ag-AIRR-100845-79.2017.5.01.0070, 6ª Turma, Relator Ministro Augusto Cesar Leite de Carvalho, DEJT 17/12/2021).

[201] Sob pena de não conhecimento, as partes promoverão a formação do instrumento do agravo de modo a possibilitar, caso provido, o imediato julgamento do recurso denegado, instruindo a petição de interposição.

do apelo que deverá ser apresentado no prazo de 8 dias do despacho que denegar a interposição do recurso apresentado.

No agravo de instrumento, não há pagamento de custas, embora exija-se o depósito recursal de acordo com o disposto no § 7º do art. 899 da CLT[202], na base de 50% do valor do depósito do recurso ao qual se pretende destrancar.

Os beneficiários de gratuidade de justiça estão isentos do depósito recursal, bem como as entidades filantrópicas e as empresas em recuperação judicial.

19.4.1 Procedimento do agravo de instrumento

Apresentado o agravo de instrumento, o agravado será intimado para oferecimento de suas contrarrazões em 8 dias e será recebido somente no efeito devolutivo, valendo dizer que não haverá suspensão do processo.

Porém, em se tratando de agravo de instrumento na fase de execução, tem sido admitida a concessão de tutela cautelar para suspensão da execução, se for o caso.

Se houver provimento do agravo, a Turma deliberará sobre o julgamento do recurso principal.

19.5 Recurso extraordinário em execução

O recurso extraordinário encontra-se disciplinado pelo art. 102, III, da CF[203] e nas execuções trabalhistas será cabível em face de decisões proferidas pelo TST que contrariem a Constituição Federal.

---

[202] No ato de interposição do agravo de instrumento, o depósito recursal corresponderá a 50% (cinquenta por cento) do valor do depósito do recurso ao qual se pretende destrancar.

[203] Compete ao Supremo Tribunal Federal, precipuamente, a guarda da Constituição, cabendo-lhe: III - julgar, mediante recurso extraordinário, as causas decididas em única ou última instância, quando a decisão recorrida.

Importante esclarecer que a repercussão geral constitui requisito similar à transcendência em relação do recurso de revista, valendo dizer, o recorrente, além de preencher os pressupostos recursais típicos do RE, também deverá demonstrar que as matérias discutidas têm repercussão geral (art. 1035 CPC[204]) nas áreas jurídica, econômica, política ou social.

O RE será interposto no prazo de 15 dias, cabendo igual prazo à parte contrária para oferecimento de suas contrarrazões, dispensando-se o depósito recursal em razão de entendimento adotado pela Corte no sentido de que recurso envolvendo matéria trabalhista não exige depósito recursal (RE 607447/20).

Atente-se que a interposição de RE não prejudicará a execução do julgado, na conformidade do entendimento majoritário do TST contido na Súmula 228[205].

---

[204] O Supremo Tribunal Federal, em decisão irrecorrível, não conhecerá do recurso extraordinário quando a questão constitucional nele versada não tiver repercussão geral, nos termos deste artigo.

[205] Não é provisória a execução na pendência de recurso extraordinário, ou de agravo destinado a fazê-lo admitir.

EXPROPRIAÇÃO DE BENS

A expropriação dos bens penhorados se fará por meio da hasta pública prevista no art. 888 da CLT[206] ao estabelecer que concluída a avaliação, seguir-se-á a arrematação para venda dos bens pelo maior lance, com preferência do exequente para a adjudicação do bem.

Se não houver pedido de adjudicação, o bem poderá ser arrematado intimando-se as partes sobre a data da hasta pública que, diante da regra contida no art. 825 do CPC consiste em:

I-adjudicação;

II-alienação;

---

[206] Concluída a avaliação, dentro de dez dias, contados da data da nomeação do avaliador, seguir-se-á a arrematação, que será anunciada por edital afixado na sede do juízo ou tribunal e publicado no jornal local, se houver, com a antecedência de 20 (vinte) dias.

III-apropriação de frutos e rendimentos de empresa ou de estabelecimentos e outros bens.

Na sequência, o art. 826 do CPC[207] prevê a possibilidade de remição da execução pelo executado desde que praticada antes da adjudicação ou alienação dos bens penhorados.

Constata-se, pois, que as modalidades acima apontadas têm por finalidade a obtenção de recursos com a venda dos bens constritos e, com seu produto, a satisfação do crédito do exequente.

20.1 Arrematação

Encerrada a fase dos embargos e decididos eventuais incidentes próprios da execução, os bens penhorados serão objeto de venda judicial que poderá ser realizada através do instituto da arrematação, podendo, ainda, ocorrer as hipóteses de adjudicação e remição.

Conceitua-se a arrematação como o ato judicial que conclui a expropriação de bens do devedor por meio da alienação em hasta pública para, com o produto obtido, proceder-se ao pagamento do crédito do exequente, encontrando-se disciplinada pelo art. 890 do CPC[208] que elenca as pessoas impedidas legalmente de participarem da hasta pública.

---

[207] Antes de adjudicados ou alienados os bens, o executado pode, a todo tempo, remir a execução, pagando ou consignando a importância atualizada da dívida, acrescida de juros, custas e honorários advocatícios.

[208] Pode oferecer lance quem estiver na livre administração de seus bens, com exceção: I - dos tutores, dos curadores, dos testamenteiros, dos administradores ou dos liquidantes, quanto aos bens confiados à sua guarda e à sua responsabilidade; II - dos mandatários, quanto aos bens de cuja administração ou alienação estejam encarregados; III - do juiz, do membro do Ministério Público e da Defensoria Pública, do escrivão, do chefe de secretaria e dos demais servidores e auxiliares da justiça, em relação aos bens e direitos objeto de alienação na localidade onde servirem ou a que se estender a sua autoridade; IV - dos servidores públicos em geral, quanto aos bens ou aos direitos da pessoa jurídica a que servirem ou que estejam sob sua administração direta ou indireta;

O art. 892 do CPC[209] normatiza a realização do pagamento da arrematação por meio de depósito judicial ou meio eletrônico, estabelecendo o art. 893[210] do mesmo diploma legal que, se houver diversos bens e mais de um lançador, terá preferência quem se propuser a arrematá-los em conjunto, oferecendo, em relação aos bens que não obtiveram lance, preço igual ao da avaliação e para os demais, preço igual ao do maior lance.

Na forma do disposto no art. 888 da CLT, o arrematante deverá garantir o lance com sinal correspondente a 20% do seu valor, devendo completar o respectivo preço em 24 horas sob pena de perda do sinal dado em benefício da execução, hipótese em que o bem penhorado voltará a praça, inexistindo qualquer óbice para pagamento do valor total pelo arrematante, responsável por eventuais ônus que pesarem sobre o bem arrematado[211].

Importante realçar a possibilidade de arrematação parcelada prevista no art. 895 do CPC[212], devendo o interessado manifestar-se

V - dos leiloeiros e seus prepostos, quanto aos bens de cuja venda estejam encarregados; VI - dos advogados de qualquer das partes.

209 Salvo pronunciamento judicial em sentido diverso, o pagamento deverá ser realizado de imediato pelo arrematante, por depósito judicial ou por meio eletrônico.

210 Se o leilão for de diversos bens e houver mais de um lançador, terá preferência aquele que se propuser a arrematá-los todos, em conjunto, oferecendo, para os bens que não tiverem lance, preço igual ao da avaliação e, para os demais, preço igual ao do maior lance que, na tentativa de arrematação individualizada, tenha sido oferecido para eles.

211 EXPROPRIAÇAO DE BENS Arrematação Agravo de Petição. Dívida de taxa condominial. Exigência. A existência de dívidas quanto à taxa condominial, que está diretamente ligada ao bem e que se denomina propter rem, deve agora ser exigida do arrematante, sendo este o legítimo responsável por sua quitação. Tais disposições Boletim de Jurisprudência do TRT2 Secretaria de Gestão Jurisprudencial, Normativa e Documental - SGJND 5 estão em consonância com o Código Civil, que no seu artigo 1345. Recurso a que se nega provimento. (Proc. 0195800-13.2005.5.02.0065 - 18ª Turma - AP - Rel. Rilma Aparecida Hemeterio - DeJT 18/06/2021).

212 O interessado em adquirir o bem penhorado em prestações poderá apresentar, por escrito: I - até o início do primeiro leilão, proposta de aquisição do bem por valor não inferior ao da avaliação; II - até o início do segundo leilão, proposta de aquisição do bem por valor que não seja considerado vil.

por escrito descrevendo as condições em que será realizada, desde que ao menos 25% do valor do lance seja imediato e o restante em até 30 meses, desde que garantido por caução ou hipoteca em caso de imóvel; referido dispositivo disciplina, ainda, a hipótese de atraso no pagamento e respectiva multa e outras situações.

A arrematação no âmbito do TRT da 2ª Região é realizada através de Leilões unificados, de acordo com as normas estabelecidas pelo Provimento GP/CR nº 03/2020.

20.2 Adjudicação

A adjudicação consiste no ato formal em que o exequente requer a incorporação do bem penhorado ao seu patrimônio como pagamento parcial ou total de seu crédito, consoante prerrogativa inserta no § 1º do art. 888 da CLT[213], com intimação do executado nesse sentido; necessário esclarecer-se que a adjudicação prefere a arrematação e que referido instituto encontra-se previsto no art. 876 do CPC[214].

Se o crédito do exequente superar o valor do bem adjudicado, a execução prosseguirá pelo valor remanescente; caso contrário, o exequente depositará de imediato a diferença em favor do executado.

---

[213] A arrematação far-se-á em dia, hora e lugar anunciados e os bens serão vendidos pelo maior lance, tendo o exequente preferência para a adjudicação.

[214] Adjudicação parcial. Ausência de previsão legal. Princípios próprios da execução. Divisão cômoda. A execução se faz no interesse do credor, mas de forma menos gravosa ao devedor. A legislação - artigo 876 do CPC e seguintes - não prevê a adjudicação parcial do bem penhorado, mas também não a proíbe. Sendo assim, eventual pedido de adjudicação parcial deve ser analisado em cada caso concreto, tendo em vista princípios próprios da execução a fim de se apurar a possibilidade de futura divisão cômoda do bem, garantindo-se que cada futuro proprietário possa exercer todos os direitos inerentes à propriedade sem prejuízo do direito dos demais. Situação que não se evidencia no caso em comento. Decisão que indeferiu a adjudicação de parte ideal de apenas 2,5% do imóvel penhorado que se mantém (TRT da 2ª Região; Processo: 0001410-10.2010.5.02.0084; Data: 04/05/2021; Órgão Julgador: 2ª Turma - Cadeira 3 - 2ª Turma; Relator(a): SONIA MARIA FORSTER DO AMARAL).

Concluída a hasta pública, o auto de arrematação deve ser lavrado de imediato, segundo o contido no art. 901 do CPC[215], entendendo-se que eventual pedido de adjudicação realizado pelo exequente deverá ser realizado antecipadamente à venda pública, que poderá ser impugnado pelo executado no prazo de 5 dias, contados de sua intimação, diante do disposto no § 1º do art. 876 do CPC[216].

Decididas eventuais questões, o magistrado ordenará a lavratura do auto de adjudicação, diante da regra contida no art. 877 do CPC[217].

20.3 Remição

Consiste no ato do executado que, realizando o pagamento integral do crédito exequendo, acrescido dos acessórios legais e custas, recupera a propriedade do bem penhorado, extinguindo-se, pois, a execução.

A remição da execução pode ser realizada a qualquer tempo pelo executado, antes de adjudicados ou alienados os bens, segundo o disposto no art. 826 do CPC, revelando-se meio menos oneroso ao devedor e por este motivo prevalece sobre eventual requerimento de adjudicação formulado pelo exequente[218].

A entrega dos bens arrematados ou adjudicados dar-se-á através de mandado de entrega para bens móveis ou expedição de carta de

[215] A arrematação constará de auto que será lavrado de imediato e poderá abranger bens penhorados em mais de uma execução, nele mencionadas as condições nas quais foi alienado o bem.

[216] É lícito ao exequente, oferecendo preço não inferior ao da avaliação, requerer que lhe sejam adjudicados os bens penhorados. § 1º Requerida a adjudicação, o executado será intimado do pedido.

[217] Transcorrido o prazo de 5 (cinco) dias, contado da última intimação, e decididas eventuais questões, o juiz ordenará a lavratura do auto de adjudicação.

[218] PRAZO PARA REMIÇÃO DO EXECUÇÃO. A CLT não traz regramento próprio quanto ao prazo para remição da execução, sendo aplicado subsidiariamente o artigo 826 do CPC, por força dos artigos 769 e 889 da CLT e art. 15 do CPC. Dispõe o artigo 826 do CPC. "Art. 826. Antes de adjudicados ou alienados os bens, o executado pode, a todo tempo, remir a execução, pagando ou consignando

arrematação ou de adjudicação para bens imóveis, considerando-se perfeito e acabado o ato com a assinatura do juiz, adjudicante ou arrematante, escrivão e, se for o caso, pelo executado.

Importante realçar que o novo CPC, com a finalidade de trazer maior segurança às diversas formas de expropriação, extinguiu os embargos de segunda fase que se voltavam a questionar a arrematação, a alienação e a adjudicação.

A nova sistemática introduzida pelo art. 903 do CPC[219] prevê a possibilidade de ajuizamento de ação autônoma[220] que, ainda que procedente, não trará como consequência o desfazimento da arrematação, alienação ou adjudicação, na medida em que

---

a importância atualizada da dívida, acrescida de juros, custas e honorários advocatícios." Assim, existem duas hipóteses para o prazo final de remição para o devedor. 1ª - até a hasta pública, 2ª- antes da adjudicação ou arrematação. Entretanto, como no presente caso a hasta publica foi realizada com a suspensão dos efeitos de eventual arrematação, considera-se aperfeiçoada a arrematação apenas com a homologação da arrematação, que se deu em 06/10/2016. O executado remiu a dívida no dia 05/10/2016, ou seja, antes da arrematação. Dou provimento. (TRT da 2ª Região; Processo: 0001628-23.2014.5.02.0076; Data: 20/08/2019; Órgão Julgador: 4ª Turma - Cadeira 5 - 4ª Turma; Relator(a): IVANI CONTINI BRAMANTE).

[219] Qualquer que seja a modalidade de leilão, assinado o auto pelo juiz, pelo arrematante e pelo leiloeiro, a arrematação será considerada perfeita, acabada e irretratável, ainda que venham a ser julgados procedentes os embargos do executado ou a ação autônoma de que trata o § 4º deste artigo, assegurada a possibilidade de reparação pelos prejuízos sofridos.

[220] "RECURSO ORDINÁRIO EM AÇÃO RESCISÓRIA AJUIZADA CONTRA DECISÃO TRANSITADA EM JULGADO NA VIGÊNCIA DO CPC/1973. ART. 485, V, DO CPC/1973. AÇÃO ANULATÓRIA DE ARREMATAÇÃO. DECADÊNCIA. ALEGAÇÃO DE VIOLAÇÃO DOS ARTS. 166, 169, 178 E 179 DO CÓDIGO CIVIL E ART. 486 DO CPC/1973. MATÉRIA INFRACONSTITUCIONAL CONTROVERTIDA. SÚMULA Nº 83/TST. Trata-se de ação rescisória ajuizada com fulcro no inciso V do art. 485 do CPC/1973, na qual se pretende desconstituir acórdão que, aplicando o art. 179 do Código Civil, reconheceu a decadência do direito de ajuizar ação anulatória de arrematação. O autor defende a impossibilidade de sujeição do direito de ação anulatória da arrematação a prazo decadencial. Alega-se que a arrematação está inquinada de nulidade absoluta, pois, além de ter havido a remição da execução, o imóvel teria sido leiloado a preço vil e o pagamento teria sido feito extemporaneamente. Em que pese a argumentação do autor, há de se reconhecer que a matéria, de nítida feição infraconstitucional, é de interpretação controvertida no âmbito dessa Corte Superior. Desse modo, o caso atrai a incidência da Súmula 83/TST. Diante disso, é manifesta a improcedência da ação rescisória. Recurso ordinário conhecido e não provido" (RO-22151-02.2015.5.04.0000, Subseção II Especializada em Dissídios Individuais, Relatora Ministra Maria Helena Mallmann, DEJT 17/12/2021).

assinado o auto de expropriação pelo juiz, pelo arrematante e pelo leiloeiro, a arrematação será considerada perfeita, acabada e irretratável.

Ainda que sejam julgados procedentes eventuais embargos apresentados pelo executado ou procedente, com a ação autônoma prevista no § 4º do art. 903 do CPC[221], assegura-se a possibilidade de reparação pelos prejuízos sofridos.

20.4 Incidentes provocados pelo lance mínimo

Inexiste no regramento da CLT ou do CPC diretriz objetiva sobre a fixação do lance mínimo, embora a venda pública seja iniciada com o valor da avaliação que constitui parâmetro para verificação dos lances apresentados, cabendo ao magistrado condutor da execução avaliar as peculiaridades do bem constrito e sua receptividade na hasta para estabelecer o valor do lance mínimo.

Nos termos do art. 891 do CPC[222], não será aceito lance que ofereça preço vil, entendendo-se como tal valor inferior ao mínimo estipulado pelo juiz e constante do edital ou o preço inferior a cinquenta por cento do valor da avaliação[223].

---

221 Após a expedição da carta de arrematação ou da ordem de entrega, a invalidação da arrematação poderá ser pleiteada por ação autônoma, em cujo processo o arrematante figurará como litisconsorte necessário.

222 Não será aceito lance que ofereça preço vil.

223 LANCE MÍNIMO - DESCARACTERIZAÇÃO DE PREÇO VIL - A arrematação de bem pelo lance mínimo previsto em edital do leilão cumpre os requisitos do art. 891 do CPC e não permite falar em preço vil, independentemente de o valor apurado não cobrir o valor da execução. Agravo de petição da executada a que se nega provimento. (TRT da 2ª Região; Processo: 1001368-44.2018.5.02.0057; Data: 28/10/2021; Órgão Julgador: 1ª Turma - Cadeira 2 - 1ª Turma; Relator(a): MARIA JOSE BIGHETTI ORDONO).

A impugnação e consequente pedido de anulação da arrematação fundada na ocorrência de preço vil[224] sempre foi tema presente na jurisprudência, que ganhou nova dimensão com o disposto no § único do art. 891 do CPC[225].

---

[224] ARREMATAÇÃO. PREÇO VIL. Fixado pelo Juízo o lance mínimo para a alienação de bem em hasta pública, inexiste preço vil se a arrematação foi superior ao importe determinado (artigo 891 do CPC). (TRT da 2ª Região; Processo: 0112400-33.2007.5.02.0065; Data: 01/08/2017; Órgão Julgador: 3ª Turma - Cadeira 5 - 3ª Turma; Relator(a): ROSANA DE ALMEIDA BUONO).

[225] Considera-se vil o preço inferior ao mínimo estipulado pelo juiz e constante do edital, e, não tendo sido fixado preço mínimo, considera-se vil o preço inferior a cinquenta por cento do valor da avaliação.

SUSPENSÃO E EXTINÇÃO DA EXECUÇÃO

Diante da inexistência de regramento específico pela CLT, a regra contida no art. 921 do CPC é perfeitamente aplicável ao processo do trabalho, estabelecendo as hipóteses em que se suspende a execução:

> I- nas hipóteses previstas nos arts. 313 e 315 do CPC;
> II- quando os embargos à execução forem recebidos com efeito suspensivo no todo ou em parte;
> III- quando o executado não possuir bens penhoráveis;
> IV- se a alienação dos bens penhorados não se realizar por falta de licitantes e o exequente em 15 dias não requerer a adjudicação nem indicar outros bens penhoráveis;
> V- quando concedido o parcelamento de que trata o art. 916.

Lembra-se, ainda, o comando inserto no art. 40 da Lei nº 6.830/1980[226] que determina a suspensão da execução pelo prazo de um ano quando o devedor não for encontrado ou inexistirem bens que possam ser penhorados, período em que a fluência da prescrição também ficará suspensa.

Durante referido período os autos serão encaminhados ao arquivo e desarquivados no momento em que bens do devedor sejam encontrados para prosseguimento da execução.

Outra hipótese menos frequente surge com o ajuizamento de tutela em ação rescisória, postulando-se a concessão de efeito suspensivo da execução[227].

Já a extinção da execução encontra-se prevista no art. 924 do CPC, mediante a ocorrência das seguintes hipóteses quando:

> I – a petição inicial for indeferida;
>
> II- a obrigação for satisfeita;
>
> III- o executado obtiver por qualquer outro meio a extinção total da dívida;
>
> IV- o exequente renunciar ao crédito;
>
> V- ocorrer a prescrição intercorrente.

---

[226] O Juiz suspenderá o curso da execução, enquanto não for localizado o devedor ou encontrados bens sobre os quais possa recair a penhora, e, nesses casos, não correrá o prazo de prescrição.

[227] AGRAVO DE PETIÇÃO. AÇÃO RESCISÓRIA. SUSPENSÃO DA EXECUÇÃO. A ação rescisória não possui efeito suspensivo, logo, os efeitos da decisão impugnada não são interrompidos no decurso do processo, conforme dispõe o artigo 969 do Código de Processo Civil. Recurso do exequente a que se dá provimento. (TRT da 2ª Região; Processo: 1000315-58.2017.5.02.0026; Data: 09/12/2021; Órgão Julgador: 18ª Turma - Cadeira 2 - 18ª Turma; Relator(a): IVETE BERNARDES VIEIRA DE SOUZA).

De ser lembrada a regra contida no art. 925 do CPC que estabelece que a extinção da execução só produz efeitos quando declarada por sentença[228], sendo recorrível por meio de agravo de petição.

Importante ressaltar a possibilidade de suspensão da execução durante o trâmite de ação rescisória, obtida por meio de tutela provisória, segundo o entendimento contido na Súmula 405 do TST[229].

Finda a execução, o comando para pagamento das custas encontra-se disciplinado pelo art. 789-A da CLT[230], de responsabilidade do executado, exceto nas hipóteses previstas no art. 790-A[231].

---

[228] EXTINÇÃO DA EXECUÇÃO Inexequibilidade do Título / Inexigibilidade da Obrigação Inexigibilidade do título judicial fundada no parágrafo único do art. 741 do CPC/73 (§5º do art. 535 CPC/2015). Previsão expressa no art. 884, §5º, da CLT. A CLT tem regramento próprio, dispondo em seu art. 884, §5º ser inexigível o título judicial fundado em lei ou ato normativo declarados inconstitucionais pelo Supremo Tribunal Federal ou em aplicação ou interpretação tidas por incompatíveis com a Constituição Federal. Não obstante, em razão do trânsito em julgado do acórdão que reconheceu o vínculo empregatício diretamente com agravante, com base no inciso I da Súmula 331 do TST, não há como afastar a execução nos moldes ali determinados, sem que seja desconstituída a coisa julgada por ação rescisória. Agravo de petição improvido. (Proc. 0001304-78.2014.5.02.0061 - 10ª Turma - AP - Rel. Adriana Maria Battistelli Varellis - DeJT 05/11/2021).

[229] Em face do que dispõem a MP 1.984-22/2000 e o art. 969 do CPC de 2015, é cabível o pedido de tutela provisória formulado na petição inicial de ação rescisória ou na fase recursal, visando a suspender a execução da decisão rescindenda.

[230] No processo de execução são devidas custas, sempre de responsabilidade do executado e pagas ao final.

[231] São isentos do pagamento de custas, além dos beneficiários de justiça gratuita: I – a União, os Estados, o Distrito Federal, os Municípios e respectivas autarquias e fundações públicas federais, estaduais ou municipais que não explorem atividade econômica; II – o Ministério Público do Trabalho. Parágrafo único. A isenção prevista neste artigo não alcança as entidades fiscalizadoras do exercício profissional, nem exime as pessoas jurídicas referidas no inciso I da obrigação de reembolsar as despesas judiciais realizadas pela parte vencedora.

A CONDUTA DAS PARTES NA EXECUÇÃO TRABALHISTA

Como é sabido, encontram-se inúmeros princípios fundamentais no direito privado e público e um dos mais relevantes é o princípio da boa-fé objetiva, tendo por finalidade estabelecer um padrão ético de conduta, de probidade e de lealdade entre as partes nas relações obrigacionais.

Ressalte-se que a prática da conduta fundada na boa-fé não se esgota apenas no campo do direito, pois além de refletir seus efeitos por todo o ordenamento jurídico, constitui regra de conduta social e ética de convivência na sociedade, revelando-se um valor intrínseco nas relações humanas e necessária à segurança das relações sociais.

De acordo com o disposto no art. 5º do CPC[232], aquele que participa do processo deve comportar-se de acordo com a boa-fé, lembrando-se que referida regra se impõe como conduta em qualquer área do processo, porque se revela um princípio geral do Direito, que se aplica tanto ao direito material quanto ao direito processual.

O diploma processual, ao impor sanções ao comportamento contrário à boa-fé, trata do comportamento de boa-fé como regra de conduta, na medida em que o direito não pode ser obtido por força de uma violação ao próprio Direito, posto que a ausência da boa-fé pode acarretar a ineficácia do ato praticado, além da responsabilidade por prática de dano processual ao infrator.

O CC em seu art. 422[233] impõe a observância da boa-fé como regra fundamental no cumprimento dos contratos.

Na esfera trabalhista, por força da Lei nº 13.467/2017, foi inserida a Seção IV-A na CLT que, introduzindo os arts. 793-A[234] a 793-D, tratou da responsabilidade por dano processual, ao tipificar as condutas que caracterizam a litigância de má-fé e as sanções impostas ao litigante de má-fé e também à testemunha que intencionalmente alterar a verdade dos fatos ou omitir fatos essenciais ao julgamento da causa.

22.1 Litigância de má-fé

Importante relembrar desde logo os deveres a que estão sujeitas as partes em relação ao processo, segundo as regras contidas no art.

---

232 Aquele que de qualquer forma participa do processo deve comportar-se de acordo com a boa-fé.

233 Os contratantes são obrigados a guardar, assim na conclusão do contrato, como em sua execução, os princípios de probidade e boa-fé.

234 Responde por perdas e danos aquele que litigar de má-fé como reclamante, reclamado ou interveniente.

5º e 77 do CPC[235], que impõe, respectivamente, a observância da boa-fé; a exposição dos fatos segundo a verdade; não formular pretensão ou apresentar defesa destituída de fundamento; não produzir provas e não praticar atos desnecessários à defesa do direito; cumprir com exatidão as decisões judiciais sem criar embaraços à sua efetivação; declinar o endereço residencial ou profissional em que serão recebidas as intimações e não praticar inovação ilegal no estado de fato ou de direito do bem ou direito litigioso.

Em face de tais deveres legais é que o legislador processual civil tipificou as condutas que podem ensejar a caracterização da litigância de má-fé, tal como disciplinadas pelo art. 80 do CPC, a saber:

> I- deduzir pretensão ou defesa contra texto expresso de lei ou fato incontroverso,
> II- alterar a verdade dos fatos;
> III- usar do processo para conseguir objetivo ilegal;
> IV- opuser resistência injustificada ao andamento do processo;
> V- proceder de modo temerário em qualquer incidente ou ato do processo;
> VI- provocar incidente manifestamente infundado;
> VII- interpuser recurso com intuito manifestamente protelatório.

---

[235] Além de outros previstos neste Código, são deveres das partes, de seus procuradores e de todos aqueles que de qualquer forma participem do processo: I - expor os fatos em juízo conforme a verdade; II - não formular pretensão ou de apresentar defesa quando cientes de que são destituídas de fundamento; III - não produzir provas e não praticar atos inúteis ou desnecessários à declaração ou à defesa do direito; IV - cumprir com exatidão as decisões jurisdicionais, de natureza provisória ou final, e não criar embaraços à sua efetivação; V - declinar, no primeiro momento que lhes couber falar nos autos, o endereço residencial ou profissional onde receberão intimações, atualizando essa informação sempre que ocorrer qualquer modificação temporária ou definitiva; VI - não praticar inovação ilegal no estado de fato de bem ou direito litigioso. VII - informar e manter atualizados seus dados cadastrais perante os órgãos do Poder Judiciário e, no caso do § 6º do art. 246 deste Código, da Administração Tributária, para recebimento de citações e intimações.

As consequências do reconhecimento da litigância de má-fé sujeitarão a parte ao pagamento de multa de 1% e inferior a 10% sobre o valor da causa corrigido diante do comando contido no art. 81 do CPC[236].

No mesmo sentido, a Lei nº 13.467/2017 inseriu no ordenamento celetista o art. 793-A, a responsabilidade por perdas e danos para aquele que litigar de má-fé como reclamante, reclamado ou interveniente, definindo o art. 793-B[237] as condutas que tipificam a litigância de má-fé à semelhança das hipóteses previstas pelo ordenamento processual civil acima apontadas[238].

Caracterizada a litigância de má-fé, ficará o infrator sujeito ao pagamento de multa de 1% a 10% sobre o valor corrigido da causa, além de indenizar a parte contrária pelos prejuízos que sofreu, respondendo pelos honorários advocatícios e despesas que efetuou, cuja imposição se dará de ofício pelo juiz ou a requerimento da parte.

---

236 De ofício ou a requerimento, o juiz condenará o litigante de má-fé a pagar multa, que deverá ser superior a um por cento e inferior a dez por cento do valor corrigido da causa, a indenizar a parte contrária pelos prejuízos que esta sofreu e a arcar com os honorários advocatícios e com todas as despesas que efetuou.

237 Considera-se litigante de má-fé aquele que: I - deduzir pretensão ou defesa contra texto expresso de lei ou fato incontroverso; II - alterar a verdade dos fatos; III - usar do processo para conseguir objetivo ilegal; IV - opuser resistência injustificada ao andamento do processo; V - proceder de modo temerário em qualquer incidente ou ato do processo; VI - provocar incidente manifestamente infundado; VII - interpuser recurso com intuito manifestamente protelatório.

238 "AGRAVO. EMBARGOS EM AGRAVO EM AGRAVO DE INSTRUMENTO. SÚMULA 353 DO TST. EXCEÇÕES NÃO CONFIGURADAS. PRETENSÃO DE REEXAME DE PRESSUPOSTO INTRÍNSECO DO RECURSO DE REVISTA. NÃO CABIMENTO DOS EMBARGOS. INTUITO PROTELATÓRIO. APLICAÇÃO DE MULTA. Não merece reforma a decisão agravada, pela qual denegado seguimento ao recurso de embargos, por óbice da Súmula 353/TST. Com efeito, é incabível esse recurso contra acórdão de Turma que, ao exame de pressuposto intrínseco do recurso de revista, negou provimento ao agravo em agravo de instrumento. Tal hipótese não configura nenhuma das exceções previstas no mencionado verbete sumular. Caracterizado o intuito manifestamente protelatório do recurso, consoante disposto no inciso VII do artigo 80 do CPC, impõe-se a aplicação da multa do artigo 81 do CPC. Agravo conhecido e não provido, com aplicação de multa " (Ag-E-Ag-AIRR-1000293-07.2017.5.02.0444, Subseção I Especializada em Dissídios Individuais, Relator Ministro Hugo Carlos Scheuermann, DEJT 17/12/2021).

A existência de tais cominações é necessária na medida em que, durante o processo de conhecimento, as partes buscam o estabelecimento de seus direitos, gozando de tratamento equivalente, o que não ocorre na fase de execução, já que materializada a superioridade processual do exequente que obteve o reconhecimento de sua pretensão.

Na verdade, no plano ideal, o cumprimento da decisão judicial deveria ocorrer espontaneamente pelo vencido, alcançando-se, dessa forma, a tão almejada efetividade do processo. Porém, sabe-se que tal circunstância dificilmente ocorre na prática, ensejando, assim, a promoção dos atos de execução forçada pelo Estado.

22.2 Fraude à execução

Regra geral, a fraude, qualquer que seja sua forma (contra à execução ou contra credores), revela-se, sempre, por meio de manobras que importem na frustração da norma legal e da garantia patrimonial, na medida em que o ato de alienação é praticado visando alcançar um fim não permitido pela lei.

A fraude à execução ocorrerá todas as vezes em que o desvio dos bens do executado tiver por finalidade frustrar a atividade jurisdicional no que respeita à satisfação do julgado, mediante alienação ou oneração de seu patrimônio sem conservar bens suficientes à quitação da dívida[239].

---

[239] FRAUDE À EXECUÇÃO NÃO CONFIGURADA. ALIENAÇÃO DO BEM DE SÓCIO EM DATA ANTERIOR À DESCONSIDERAÇÃO DA PERSONALIDADE DA EMPRESA. Para os efeitos de reconhecimento de fraude à execução deve-se considerar a data da citação do executado ou de sua ciência em relação à execução. Inexistente penhora inscrita no registro competente, presume-se a boa-fé do adquirente. Agravo de petição a que se nega provimento. (TRT da 2ª Região; Processo: 0141500-32.2004.5.02.0261; Data: 15/12/2021; Órgão Julgador: 17ª Turma - Cadeira 4 - 17ª Turma; Relator(a): ELIANE APARECIDA DA SILVA PEDROSO).

Encontra-se disciplinada no art. 792 do CPC[240], esclarecendo-se que o disposto no inciso I resulta inaplicável ao processo do trabalho; porém as condutas descritas nos demais incisos guardam total compatibilidade com a execução trabalhista, constituindo hipótese mais frequente a descrita no inciso IV, ou seja, quando ao tempo da alienação ou oneração, tramitava contra o devedor ação capaz de reduzi-lo à insolvência.

Caracteriza-se a insolvência do devedor quando seus bens resultam insuficientes e inferiores ao valor de suas dívidas, constituindo requisito para caracterização da fraude, que ao tempo da alienação do bem já houvesse sido distribuída a ação[241].

Importante esclarecer que não pode ser tida como fraudatória a alienação praticada no curso de reclamação trabalhista, se esta não provocar qualquer desequilíbrio no patrimônio do devedor, considerando-se fraude os atos praticados que conduziram à insolvência do devedor.

---

[240] A alienação ou a oneração de bem é considerada fraude à execução: I - quando sobre o bem pender ação fundada em direito real ou com pretensão reipersecutória, desde que a pendência do processo tenha sido averbada no respectivo registro público, se houver; II - quando tiver sido averbada, no registro do bem, a pendência do processo de execução, na forma do art. 828 ; III - quando tiver sido averbado, no registro do bem, hipoteca judiciária ou outro ato de constrição judicial originário do processo onde foi arguida a fraude; IV - quando, ao tempo da alienação ou da oneração, tramitava contra o devedor ação capaz de reduzi-lo à insolvência; V - nos demais casos expressos em lei.

[241] FRAUDE DE EXECUÇÃO. REDIRECIONAMENTO DA EXECUÇÃO EM FACE DO PATRIMÔNIO DO SÓCIO. PROVA. CITAÇÃO. Para caracterização da fraude de execução, exige-se, nos termos do art. 792 do CPC de 2015, que, ao tempo da alienação ou oneração do bem, houvesse demanda pendente em face do devedor capaz de reduzi-lo à insolvência. Os documentos de ID 3793d7d (fls. 214/ 222 do documento PDF) revelam que as transações imobiliárias ocorreram nos anos de 2008 a 2014 (abril). Sendo assim, nem mesmo a ação em face da pessoa jurídica estava pendente quando das alienações, pois a demanda foi distribuída em 13/06/2014 e só redirecionada ao patrimônio do sócio em Incidente julgado em 19/10/2020 (ID nº fbc47b5). Ademais, não há nos autos, prova de que as alienações eram definitivas à insolvência. Negado Provimento. (TRT da 2ª Região; Processo: 0001335-62.2014.5.02.0073; Data: 30/11/2021; Órgão Julgador: 12ª Turma - Cadeira 5 - 12ª Turma; Relator(a): JORGE EDUARDO ASSAD).

Ocorrendo a alienação de vários bens pelo executado, claro está que apenas os últimos atos praticados é que poderão estar sujeitos à declaração de fraude de execução, valendo dizer, os atos praticados a partir dos quais geraram a falta ou insuficiência de patrimônio apto a garantir a satisfação do julgado.

Nenhum impedimento existe para que a fraude de execução seja apreciada e declarada através de embargos do devedor ou de terceiro, independentemente de alegação do exequente nesse sentido, eis que caberá ao magistrado diante das circunstâncias especiais contidas nos autos declarar a ocorrência de fraude, trazendo como consequência a permanência do bem alienado para responder pela satisfação da obrigação ou eventual desoneração deste, se comprovado que o negócio jurídico não foi realizado com a intenção de fraude.

Via de consequência, o ato praticado pelo devedor em fraude à execução constitui ato ineficaz em relação ao processo, embora seja considerado ato existente e válido entre as partes que o praticaram.

22.3 Fraude contra credores

A fraude contra credores era conhecia no Direito Romano, consistindo em manobras efetuadas pelo devedor com a finalidade de eximir-se do pagamento de suas dívidas, tornando-se insolvente e, por consequência, prejudicando seus credores.

Justifica-se, portanto, a existência de sistema jurídico munido de meios destinados ao controle da livre disponibilidade dos bens do devedor, de forma em que o mesmo não possa modificar substancialmente a solidez do seu patrimônio destinado à satisfação de seus credores, sob pena de qualificar-se como fraudulenta as alienações havidas.

Dessa forma, todas as vezes em que o devedor ultrapassar maliciosamente os limites de disponibilidade de seus bens através de diminuição fraudulenta de seu patrimônio com ameaça à garantia de seus credores, surge a figura típica da fraude contra credores, instituto de Direito Civil previsto no art. 158 do CC[242].

A fraude contra credores constitui defeito do negócio jurídico que torna anulável a transmissão do bem ou a remissão da dívida. O elemento essencial que caracteriza referida figura revela-se com a frustração da garantia da dívida e com o estado de insolvência do devedor, revelando-se como negação do princípio da boa-fé, exigida na formação dos contratos em geral.

Para caracterização da fraude contra credores é necessário: a) que o ato praticado pelo devedor seja prejudicial ao credor, diante de sua insolvência; b) a existência de conluio entre o devedor e o terceiro, ou seja, a má-fé, a intenção do devedor em prejudicar seu credor.

Na Justiça do Trabalho, a fraude contra credores tem sido declarada como incidente processual da execução quando da oposição de embargos de terceiro,

não se tratando da anulação do ato ou do negócio jurídico celebrado entre devedor e terceiro, mas da possível permanência do bem de terceiro, que poderá continuar garantindo a obrigação assumida pelo devedor em razão do reconhecimento da fraude.

Porém, no procedimento de natureza civil, o ato praticado em fraude contra credores é anulável, mediante ajuizamento de ação revocatória ou pauliana em face do entendimento dominando do STJ

---

[242] EXECUÇÃO. NEGÓCIO SIMULADO. FRAUDE À EXECUÇÃO. Comprovado nos autos principais que houve negócio simulado (art. 167 do CC) na tentativa de fraudar credores (art. 158 do CC) com a determinação para tornar nula a alegada venda do imóvel do sócio e respectiva transcrição na escritura. Decisão deve ser mantida. Agravo de Petição em Embargos de Terceiro que se nega provimento. (TRT da 2ª Região; Processo: 1001014-13.2018.5.02.0447; Data: 07/12/2020; Órgão Julgador: 17ª Turma - Cadeira 3 - 17ª Turma; Relator(a): CARLOS ROBERTO HUSEK).

cristalizado na Súmula 195[243], que impede a anulação do ato jurídico por meio de embargos de terceiro.

Comprovada a ocorrência da fraude torna-se de primordial importância a determinação do momento em que a mesma se verificou, circunstância essa, que determinará a identificação da modalidade de fraude (à execução ou contra credores).

Importante ressaltar que ambas as hipóteses de fraude, à execução e contra credores, possuem como elemento comum a proteção do credor contra atos de alienação do devedor.

A fraude à execução constitui instituto de natureza processual em que o negócio jurídico é ineficaz, não necessitando de ação própria para declaração da nulidade do negócio jurídico praticado, tendo como prejudicado o exequente.

A fraude contra credores constitui instituto de natureza civil, considerada como defeito do negócio jurídico que necessita ação própria para obter-se a declaração de nulidade do ato praticado.

22.4 Ato atentatório contra a dignidade da justiça

As regras insertas nos artigos 765 da CLT[244] e 370 do CPC[245] conferem ao magistrado o poder de direção do processo, zelando sempre pela celeridade processual, com consequente indeferimento das diligências inúteis e desnecessárias, sem que tais medidas possam caracterizar cerceamento de defesa.

---

[243] "Em embargos de terceiro não se anula ato jurídico, por fraude contra credores".

[244] Os Juízos e Tribunais do Trabalho terão ampla liberdade na direção do processo e velarão pelo andamento rápido das causas, podendo determinar qualquer diligência necessária ao esclarecimento delas.

[245] Caberá ao juiz, de ofício ou a requerimento da parte, determinar as provas necessárias ao julgamento do mérito. Parágrafo único. O juiz indeferirá, em decisão fundamentada, as diligências inúteis ou meramente protelatórias.

Os atos atentatórios contra a dignidade da justiça [246]merecem ser apreciados em simultaneidade com as práticas que ensejam a litigância de má-fé diante dos pontos de contato que apresentam referidas matérias, remetendo-se às condutas tipificadas nos arts. 80 do CPC e 793-B da CLT.

Na conformidade da regra inserta no art. 774 do CPC, considera-se ato atentatório à dignidade da justiça a conduta comissiva ou omissiva do executado que:

> I- frauda a execução;
> II- se opõe maliciosamente à execução empregando ardis ou meios artificiosos;
> III- dificulta ou embaraça a realização da penhora;
> IV- resiste injustificadamente às ordens judiciais;
> V- intimado, não indica ao juiz quais são e onde estão os bens sujeitos à penhora e os respectivos valores, nem exibe prova de sua propriedade e, se for o caso, certidão negativa de ônus.

Praticada qualquer das condutas acima previstas, estará o executado sujeito ao pagamento de multa não superior a 20% sobre o valor atualizado do débito em execução em favor do exequente e executada nos próprios autos da execução, esclarecendo-se que a aplicação da cominação prevista para a prática de ato atentatório à dignidade da justiça não elimina ou suprime eventuais sanções por força da litigância de má-fé.

---

[246] Ato atentatório à dignidade da justiça. Multa. O ato atentatório à dignidade da justiça exige reiteração, insistência, e, mais que tudo, o elemento subjetivo, qual seja, dolo ou culpa grave para que se possa atribuir a punição do art. 774 do Código de Processo Civil. Circunstâncias não verificadas no caso. Agravo de Petição da executada a que se dá provimento, nesse ponto. (TRT da 2ª Região; Processo: 1000536-30.2020.5.02.0028; Data: 24/05/2021; Órgão Julgador: 11ª Turma - Cadeira 4 - 11ª Turma; Relator(a): EDUARDO DE AZEVEDO SILVA).

PRESCRIÇÃO INTERCORRENTE NO PROCESSO DO TRABALHO

Como se sabe, a caracterização da prescrição está diretamente ligada ao decurso de prazo, podendo ensejar a aquisição ou a perda de direitos, encontrando-se regulada no art. 189 do CC[247], que adotou o conceito de prescrição como a perda da pretensão.

Portanto, a prescrição extingue a pretensão e, uma vez extinta a pretensão, não há se cogitar da ação respectiva para postular em juízo a reparação de um direito violado.

No âmbito do processo do trabalho, a arguição da prescrição deverá ser realizada com a apresentação da defesa e, excepcionalmente, na forma do entendimento consubstanciado na Súmula 153 do TST[248],

[247] Violado o direito, nasce para o titular a pretensão, a qual se extingue, pela prescrição, nos prazos a que aludem os arts. 205 e 206.

[248] Não se conhece da prescrição não arguida na instância ordinária.

lembrando-se, também, que na conformidade do disposto na Súmula 268 do TST[249], o ajuizamento de reclamação trabalhista provoca a interrupção da prescrição em relação aos pedidos idênticos.

Verifica-se a existência de elementos comuns em relação à prescrição e à decadência, quais sejam, inércia do titular do direito e decurso do tempo.

Na CLT, as hipóteses típicas de prazos decadenciais referem-se ao ajuizamento do inquérito judicial para apuração de falta grave (30 dias), instauração de ação rescisória (2 anos contados do trânsito em julgado da decisão) e impetração do mandado de segurança (120 dias contados da ciência do ato de autoridade praticado com abuso de poder ou ilegalidade).

De acordo com a doutrina, a decadência extingue o direito e por via oblíqua a pretensão, enquanto na prescrição ocorre exatamente o contrário: a extinção da pretensão e por via oblíqua o direito.

A fluência da prescrição apresenta hipóteses de suspensão e interrupção, enquanto tais atributos não se aplicam à decadência; em relação à prescrição, admite-se sua renúncia após sua consumação, enquanto a decadência é irrenunciável.

Finalmente, o prazo decadencial pode ser fixado em lei ou pela vontade das partes, enquanto a prescrição se consuma de acordo com os prazos fixados em lei.

Feitas tais considerações de ordem geral, necessária a análise da possibilidade de ocorrência da prescrição intercorrente no âmbito do processo do trabalho, considerando que no passado não havia acolhimento unânime a propósito da matéria, pois, de acordo com

---

[249] A ação trabalhista, ainda que arquivada, interrompe a prescrição somente em relação aos pedidos idênticos.

o disposto na Súmula 177 do TST [250], inaplicável seria a prescrição intercorrente ao processo do trabalho, enquanto referido entendimento à época confrontava com aquele emanado pelo STF através da Súmula 327[251], ao concluir pela admissibilidade da prescrição intercorrente.

Deixado de lado entendimentos a respeito da admissibilidade ou não da prescrição intercorrente no processo do trabalho, considera-se intercorrente a prescrição que se verifica pela fluência do prazo prescricional quando o exequente deixa de cumprir determinação judicial no curso da execução.

Via de consequência, para que a prescrição intercorrente se consume, será necessária a inércia do autor, a quem compete a realização dos atos processuais próprios da fase de execução, ressaltando-se que a norma prevista no § 1º do art. 884 da CLT prevê, expressamente, a ocorrência da prescrição da dívida como matéria de defesa, oponível quando da apresentação dos embargos à execução, não se tratando, pois, da mesma prescrição arguida na fase de conhecimento.

Lembra-se, também, que o § 4º do art. 921 do CPC[252] prevê a possibilidade de reconhecimento da prescrição intercorrente no curso da execução civil, de forma semelhante à previsão contida no art. 40 da Lei nº 6.830/1990, aplicável à execução trabalhista.

Assim sendo, a ocorrência da prescrição intercorrente torna o título executivo inexigível e inapto a gerar quaisquer efeitos diante do decurso do prazo, no caso dois anos.

---

[250] Prescrição intercorrente. É inaplicável na Justiça do Trabalho a prescrição intercorrente.

[251] O direito trabalhista admite a prescrição intercorrente.

252 O termo inicial da prescrição no curso do processo será a ciência da primeira tentativa infrutífera de localização do devedor ou de bens penhoráveis, e será suspensa, por uma única vez, pelo prazo máximo previsto no § 1º deste artigo.

A partir da inclusão do art. 11-A[253] na CLT[254] por força da Lei nº 13.467/2017, a prescrição intercorrente passou a integrar o ordenamento jurídico trabalhista e se verifica no curso da execução, sendo aplicável aos processos em curso a partir de sua vigência, qual seja 11/11/2017, na conformidade do disposto no art. 2º da IN 41/2018 do TST, podendo ser reconhecida mediante requerimento ou declarada de ofício em qualquer grau de jurisdição.

Hipóteses frequentes que ensejam o reconhecimento da prescrição intercorrente ocorrem quando o exequente não inicia a execução, apresentando artigos de liquidação, quando deixa de indicar informações imprescindíveis ao registro da penhora, quando não fornece o paradeiro do executado para continuidade da execução etc.

---

[253] Art. 11-A. Ocorre a prescrição intercorrente no processo do trabalho no prazo de dois anos.

[254] "I - AGRAVO DE INSTRUMENTO DA PARTE EXEQUENTE. RECURSO DE REVISTA INTERPOSTO NA VIGÊNCIA DA LEI Nº 13.015/2014. EXECUÇÃO. PRESCRIÇÃO INTERCORRENTE. TÍTULO EXECUTIVO ANTERIOR À VIGÊNCIA DA LEI 13.467/2017. INAPLICÁVEL O ART. 11-A DA CLT. Ante possível violação do art. 5º, XXXVI, da CRFB/88, deve ser provido o agravo de instrumento. Agravo de instrumento a que se dá provimento. II - RECURSO DE REVISTA DA PARTE EXEQUENTE INTERPOSTO NA VIGÊNCIA DA LEI Nº 13.015/2014. EXECUÇÃO. PRESCRIÇÃO INTERCORRENTE. TÍTULO EXECUTIVO ANTERIOR À VIGÊNCIA DA LEI 13.467/2017. INAPLICÁVEL O ART. 11-A DA CLT. Esta Corte Superior tem entendido que a prescrição intercorrente, prevista no art. 11-A da CLT (acrescido pela Lei 13.467/2017), não se aplica às execuções cujos títulos executivos sejam anteriores à vigência da Lei 13.467/2017, que teve início em 11/11/2017. Segundo o art. 2º, § 2º, da IN 41/2018, "o fluxo da prescrição intercorrente conta-se a partir do descumprimento da determinação judicial a que alude o § 1º do art. 11-A da CLT, desde que feita após 11 de novembro de 2017". Considerando que a presente execução se iniciou com base em título executivo formado anteriormente à vigência da Lei 13.467/2017, inaplicável, portanto, a prescrição intercorrente à presente execução trabalhista, nos termos da Súmula 114 do TST. Precedentes. Recurso de revista conhecido e provido " (RR-1658-13.2010.5.02.0007, 2ª Turma, Relatora Ministra Maria Helena Mallmann, DEJT 17/12/2021).

EXECUÇÃO TRABALHISTA E PROCEDIMENTOS ESPECIAIS

24.1 Execução das contribuições previdenciárias

A partir da EC 20/1998, foi alterada a competência da Justiça do Trabalho, que, de acordo com o inciso VIII, do art. 114 da CF[255], passou a ter competência para executar, de ofício, as contribuições previdenciárias das sentenças que proferir.

A redação do inciso VIII, do art. 114, dada pela EC 45/2004 definiu a competência da execução de ofício, das contribuições previstas no art. 195, I, *a* e II[256], e seus acréscimos, em face das sentenças que

---

[255] VIII. a execução, de ofício, das contribuições sociais previstas no art. 195, I, a, e II, e seus acréscimos legais, decorrentes das sentenças que proferir.

[256] A seguridade social será financiada por toda a sociedade, de forma direta e indireta, nos termos da lei, mediante recursos provenientes dos orçamentos da União, dos Estados, do Distrito Federal e dos Municípios, e das seguintes contribuições sociais: do empregador, da empresa e da entidade a ela equiparada na forma da lei, incidentes sobre: I - do empregador, da empresa e da entidade

proferir, lembrando-se que, no plano infraconstitucional, a Lei nº 10.035/2000 dispõe sobre a execução previdenciária no âmbito da Justiça do Trabalho.

Questão que mereceu acaloradas discussões refere-se à execução das contribuições que se tornaram devidas em virtude do reconhecimento da relação de emprego, cabendo ao STF por meio da Súmula Vinculante nº 53 pacificar a matéria no seguinte sentido:

> A competência da Justiça do Trabalho prevista no art. 114, VIII, da Constituição Federal alcança a execução de ofício das contribuições previdenciárias relativas ao objeto da condenação constante das sentenças que proferir e acordos por ela homologados.

Analisando os aspectos relativos aos efeitos gerados pela sentença que reconheceu o vínculo de emprego, haveria de ser atribuída à Justiça do Trabalho a competência para execução das contribuições relativas ao período do reconhecimento da relação de emprego, com a consequente averbação do tempo de serviço do empregado junto ao INSS para cômputo relativo à concessão de sua aposentadoria futuramente.

A execução previdenciária encontra-se regulada pela Lei nº 10.035/2000, com as alterações introduzidas pelas Leis nºs 11.457/2007 e 8.212/1991 que fornecem as diretrizes a respeito da natureza das verbas sobre as quais haverá incidência da cota previdenciária.

---

a ela equiparada na forma da lei, incidentes sobre: a) a folha de salários e demais rendimentos do trabalho pagos ou creditados, a qualquer título, à pessoa física que lhe preste serviço, mesmo sem vínculo empregatício; II - do trabalhador e dos demais segurados da previdência social, podendo ser adotadas alíquotas progressivas de acordo com o valor do salário de contribuição, não incidindo contribuição sobre aposentadoria e pensão concedidas pelo Regime Geral de Previdência Social.

Constituem títulos judiciais que ensejam a execução de ofício das contribuições previdenciárias:

sentenças transitadas em julgado;

acordos homologados e inadimplidos.

No que respeita aos títulos judiciais acima apontados e de acordo com a regra contida no § 3º do art. 832 da CLT, as decisões proferidas ou homologatórias de acordos[257] devem indicar a natureza jurídica das parcelas, bem como a responsabilidade de cada parte quanto ao recolhimento da contribuição previdenciária.

Na hipótese de inexistir tal discriminação quanto à natureza das parcelas do acordo, a contribuição previdenciária incidirá sobre o valor total pactuado, esclarecendo-se que, se a composição ocorrer antes de ser proferida a sentença, os direitos considerados controvertidos podem ser discriminados livremente pelas partes, já que podem dispor e renunciar sobre os direitos controvertidos.

Importante lembrar que, embora as partes gozem dessa liberdade, na prática, não se aceitam discriminações totalmente divorciadas do pedido inicial, por suspeita de evasão incidência previdenciária.

Quando o acordo versar sobre homologação sem reconhecimento do vínculo de emprego, deverá ser observada a diretriz emanada pelo TST, contida na OJ 398 da SDI-I:

---

[257] EXECUÇÃO DE OFÍCIO Contribuições previdenciárias Fato gerador das contribuições previdenciárias. Acordo homologado. Data do efetivo pagamento. As contribuições previdenciárias, decorrentes de acordo homologado, têm como base de cálculo o valor avençado, devendo ser recolhidas no prazo estabelecido no acordo para o pagamento das parcelas dos créditos trabalhistas, sendo que os encargos moratórios só podem ser acrescidos após o vencimento da parcela. Assim, o fato gerador da contribuição previdenciária corresponde à data do pagamento da parcela acordada. Recurso a que se nega provimento. (Proc. 1000936- 45.2019.5.02.0718 - 14ª Turma - AP - Rel. Cláudio Roberto Sá dos Santos - DeJT 20/08/2021).

> Contribuição previdenciária. Acordo homologado em juízo sem reconhecimento de vínculo de emprego. Contribuinte individual. Recolhimento de alíquota de 20% a cargo do tomador e 11% a cargo do prestador de serviços.
>
> Nos acordos homologados em juízo em que não haja o reconhecimento de vínculo empregatício, é devido o recolhimento da contribuição previdenciária, mediante a alíquota de 20% a cargo do tomador de serviços e de 11% por parte do prestador de serviços, na qualidade de contribuinte individual, sobre o valor total do acordo, respeitado o teto de contribuição. Inteligência do § 4º do art. 30 e do inciso III do art. 22, todos da Lei 8212, de 24/07/1991.

Na hipótese de celebração de acordo na fase de execução e, portanto, após o trânsito em julgado da sentença proferida, as partes não poderão alterar a natureza jurídica das parcelas, porque a incidência previdenciária refletida sobre as mesmas não pertence às partes do processo, mas corresponde a crédito da União, diante do estabelecido pelo § 6º do art. 832 da CLT.[258]

Nesse mesmo sentido, o TST pacificou referida questão por meio da OJ 376 da SDI- I:

> Contribuição previdenciária. Acordo homologado em juízo após o trânsito em julgado da sentença condenatória. Incidência sobre o valor homologado.
>
> É devida a contribuição previdenciária sobre o valor do acordo celebrado e homologado após o trânsito em julgado de decisão judicial, respeitada a proporcionalidade de valores entre as parcelas e natureza salarial e

[258] O acordo celebrado após o trânsito em julgado da sentença ou após a elaboração dos cálculos de liquidação de sentença não prejudicará os créditos da União.

indenizatória deferidas na decisão condenatória e as parcelas objeto do acordo.

De igual forma e embora não exista expressa obrigação legal contemplando a hipótese de celebração de acordo perante Comissão de Conciliação Prévia, caberia à Justiça do Trabalho executar de ofício a contribuição previdenciária incidente sobre a avença pactuada.

24.1.1 Procedimento da execução previdenciária

Elaborada a conta de liquidação e fixado o valor devido, o magistrado condutor da execução intimará a União para manifestação em 10 dias, para apresentação de eventual impugnação diante do disposto nos §§ 2º e 3º do art. 879 da CLT[259], após o que procederá à homologação dos cálculos.

Portanto, o INSS na condição de terceiro interessado será intimado para manifestar-se sobre os valores relativos às contribuições que lhes são devidas, podendo impugnar tais decisões, antes da homologação da conta de liquidação.

Fixado o valor devido ao INSS, o magistrado determinará, de ofício, o início da execução, mediante a devida garantia do juízo, podendo o INSS embargar a execução ou impugnar a sentença homologatória de liquidação.

Decididos os embargos, poderá o INSS apresentar Agravo de Petição ao TRT respectivo.

---

[259] Sendo ilíquida a sentença exequenda, ordenar-se-á, previamente, a sua liquidação, que poderá ser feita por cálculo, por arbitramento ou por artigos. § 2o Elaborada a conta e tornada líquida, o juízo deverá abrir às partes prazo comum de oito dias para impugnação fundamentada com a indicação dos itens e valores objeto da discordância, sob pena de preclusão. §3o Elaborada a conta pela parte ou pelos órgãos auxiliares da Justiça do Trabalho, o juiz procederá à intimação da União para manifestação, no prazo de 10 (dez) dias, sob pena de preclusão.

24.2 Execução contra a fazenda pública

Muito se tem discutido a propósito da necessidade e legitimidade da expedição de precatórios para pagamento de decisão judicial em que figure como parte devedora da obrigação a Fazenda Pública e que tenha sua origem em crédito trabalhista, portanto, com caráter alimentar.

Compreende-se, com a expressão Fazenda Pública, todas as pessoas jurídicas de direito público interno, como é o caso da União, Estados, Municípios, Distrito Federal, Territórios, autarquias e fundações instituídas pelo Poder Público.

Como é sabido, os bens da Fazenda Pública são impenhoráveis e as execuções decorrentes de litígios entre a Administração Pública e servidores admitidos pela CLT serão processadas perante a Justiça do Trabalho, aplicado o rito previsto nos arts. 534[260], 535[261] e 910 do CPC[262].

---

[260] No cumprimento de sentença que impuser à Fazenda Pública o dever de pagar quantia certa, o exequente apresentará demonstrativo discriminado e atualizado do crédito contendo: I - o nome completo e o número de inscrição no Cadastro de Pessoas Físicas ou no Cadastro Nacional da Pessoa Jurídica do exequente; II - o índice de correção monetária adotado; III - os juros aplicados e as respectivas taxas; IV - o termo inicial e o termo final dos juros e da correção monetária utilizados; V - a periodicidade da capitalização dos juros, se for o caso; VI - a especificação dos eventuais descontos obrigatórios realizados.

[261] A Fazenda Pública será intimada na pessoa de seu representante judicial, por carga, remessa ou meio eletrônico, para, querendo, no prazo de 30 (trinta) dias e nos próprios autos, impugnar a execução, podendo arguir: I - falta ou nulidade da citação se, na fase de conhecimento, o processo correu à revelia; II - ilegitimidade de parte; III - inexequibilidade do título ou inexigibilidade da obrigação; IV - excesso de execução ou cumulação indevida de execuções; V - incompetência absoluta ou relativa do juízo da execução; VI - qualquer causa modificativa ou extintiva da obrigação, como pagamento, novação, compensação, transação ou prescrição, desde que supervenientes ao trânsito em julgado da sentença.

[262] Na execução fundada em título extrajudicial, a Fazenda Pública será citada para opor embargos em 30 (trinta) dias. § 1º Não opostos embargos ou transitada em julgado a decisão que os rejeitar, expedir-se-á precatório ou requisição de pequeno valor em favor do exequente, observando-se o disposto no art. 100 da Constituição Federal . § 2º Nos embargos, a Fazenda Pública poderá

24.2.1 Procedimento perante a Justiça do Trabalho

Transitada em julgado a decisão em face da Fazenda Pública e fixado o valor da condenação, a execução seguirá na forma da CLT e do disposto nos arts. 534 e 535 do CPC, com intimação na pessoa de seu representante judicial para manifestação por meio de embargos no prazo de 30 dias.

Da decisão proferida caberá a revisão do julgado por meio de Agravo de Petição ao respectivo TRT, após o que a execução será processada pelo regime de precatório[263], com requisição do pagamento por intermédio

---

alegar qualquer matéria que lhe seria lícito deduzir como defesa no processo de conhecimento. § 3º Aplica-se a este Capítulo, no que couber, o disposto nos artigos 534 e 535.

263 "A) AGRAVO DE INSTRUMENTO EM RECURSO DE REVISTA INTERPOSTO PELAS PARTES RECLAMANTES. ACÓRDÃO REGIONAL PUBLICADO NA VIGÊNCIA DA LEI Nº 13.015/2014. 1. EXECUÇÃO MEDIANTE PRECATÓRIO OU REQUISIÇÃO DE PEQUENO VALOR. PRERROGATIVA PROCESSUAL DA FAZENDA PÚBLICA. EXTENSÃO À EMPRESA BRASILEIRA DE CORREIOS E TELÉGRAFOS - ECT. NÃO PROVIMENTO. I . Na qualidade de empresa pública, é indiscutível a personalidade jurídica de direito privado da ECT. Todavia, por prestar serviço que constitui um dos monopólios da União (serviço postal), a ECT está equiparada à Fazenda Pública quanto aos privilégios e prerrogativas, nos termos do art. 12 do Decreto-Lei nº 509/1969. II. Nessa mesma linha, firmou-se neste Tribunal Superior o entendimento quanto ao reconhecimento à ECT dos privilégios da Fazenda Pública, conforme se verifica da segunda parte do item II da Orientação Jurisprudencial nº 247 da SBDI-1 do TST. Assim, o entendimento desta Corte Superior também é no sentido de que a ECT goza das mesmas prerrogativas processuais da Fazenda Pública, neles incluídos à execução por precatório ou RPV. III. A decisão regional está em harmonia com a iterativa, notória e atual jurisprudência desta Corte Superior sobre a matéria, razão pela qual é inviável o processamento do recurso de revista, nos termos dos arts. 896, § 7º, da CLT e 932, III, do CPC/2015 e da Súmula nº 333 do TST. IV. Agravo de instrumento de que se conhece e a que se nega provimento. 2. TERMO FINAL PARA APURAÇÃO DE PROGRESSÕES POR ANTIGUIDADE PREVISTAS NO PCCS/95. AUSÊNCIA DE VIOLAÇÃO DA COISA JULGADA. NÃO PROVIMENTO. I. O Tribunal Regional constatou que o título executivo da ação coletiva que deferiu aos empregados da ECT progressões horizontais por antiguidade previstas no PCCS/1995 previu também que as progressões ocorreriam até que as circunstâncias fáticas ou jurídicas que lhes sustentavam se modificassem. Entendeu-se que, a partir da entrada em vigor do PCCS/2008, em que os empregados foram reenquadrados, não mais se deveria calcular as progressões referidas com base no PCCS/1995, de modo que "o direito em que se fundava a demanda transitada em julgado deixou de existir, quando em vigor o novo PCCS, que alterou a situação jurídica dos empregados da reclamada ". II. O reconhecimento de ofensa literal à coisa julgada inscrita no art. 5º, XXXVI, da Constituição Federal supõe contrariedade patente à decisão exequenda, ou seja, quando se reconhece haver inequívoca dissonância entre o título executivo judicial e a decisão proferida na execução (inteligência da diretriz contida na Orientação Jurisprudencial nº 123 da SbDI-2 do Tribunal Superior do Trabalho, aplicável por analogia). III. Na hipótese dos autos, verifica-se que o entendimento exposto no

do Presidente do Tribunal que determinará a expedição do competente

acórdão recorrido não viola a coisa julgada, pois não há dissonância entre o título executivo da ação coletiva e a decisão em análise. Pelo contrário, a limitação temporal adotada pelo Tribunal Regional se revela alinhada à determinação do título de executar as diferenças salarias de progressões horizontais não concedidas, com base no PCCS/1995, " até que circunstâncias fáticas e/ou jurídicas que dão sustento ao ato se modifiquem ". IV. Agravo de instrumento de que se conhece e a que se nega provimento. 3. JUROS DE MORA. CRITÉRIOS APLICÁVEIS À FAZENDA PÚBLICA. ARTIGO 1º-F DA LEI Nº 9.494/1997. EXTENSÃO À EMPRESA BRASILEIRA DE CORREIOS E TELÉGRAFOS - ECT. NÃO PROVIMENTO. I. A jurisprudência deste Tribunal Superior e do Supremo Tribunal Federal está pacificada no sentido de que a Empresa Brasileira de Correios e Telégrafos (ECT) goza dos privilégios dispensados à Fazenda Pública, nos termos do art. 12 do Decreto-Lei nº 509/1969, e de que tal equiparação de tratamento abrange também a disciplina dos juros de mora. II. Também é firme o entendimento no sentido de que a disposição contida no art. 1º-F da Lei nº 9.494/1997, declarada constitucional pelo Supremo Tribunal Federal (RE nº 453740/RJ, Plenário, Relator Ministro Gilmar Mendes, publicação em 1º/03/2007), qualifica-se como norma de ordem pública, de caráter cogente, cuja observância é absolutamente incontornável, de forma que a não observância do limite de juros de mora, no débito trabalhista da Fazenda Pública ou de entes a ela equiparados, à ordem de 6% ao ano constitui negativa de vigência à norma do art. 1º-F da Lei nº 9.494/1997. Precedentes. III. Por outro lado, no dia 20/09/2017, no julgamento do Tema nº 810 da Tabela de Repercussão Geral, no RE nº 870.947/SE (Relator Ministro Luiz Fux), o Supremo Tribunal Federal declarou a constitucionalidade do art. 1º-F da Lei nº 9.494/1997 (com a redação dada pela Lei nº 11.960/2009), no tocante à aplicação do índice de remuneração da caderneta de poupança nas condenações da Fazenda Pública, para fins de incidência dos juros de mora de natureza não-tributária, como na hipótese em análise. Recentes julgados do TST. IV. Nesse contexto, ao entender ser aplicável o art. 1º-F da Lei nº 9494/97 para o cálculo de incidência dos juros de mora nas verbas trabalhistas deferidas, o Tribunal Regional está em harmonia com a iterativa, notória e atual jurisprudência desta Corte Superior sobre a matéria, razão pela qual é inviável o processamento do recurso de revista, nos termos dos arts. 896, § 7º, da CLT e 932, III, do CPC/2015 e da Súmula nº 333 do TST. V. Agravo de instrumento de que se conhece e a que se nega provimento. B) AGRAVO DE INSTRUMENTO EM RECURSO DE REVISTA INTERPOSTO PELA RECLAMADA. ACÓRDÃO REGIONAL PUBLICADO NA VIGÊNCIA DA LEI Nº 13.015/2014 EXECUÇÃO DE SENTENÇA COLETIVA. EMPRESA BRASILEIRA DE CORREIOS E TELÉGRAFOS - ECT. PROGRESSÕES HORIZONTAIS POR ANTIGUIDADE CONCEDIDAS POR NORMA COLETIVA. COMPENSAÇÃO. POSSIBILIDADE. COISA JULGADA. OFENSA. CONHECIMENTO E PROVIMENTO I. Hipótese em que o Tribunal Regional entendeu que as progressões concedidas por meio de acordo coletivo de trabalho não podem ser compensadas com as progressões devidas em razão do PCCS da ECT, bem como que a matéria em questão não foi discutida nos autos da demanda coletiva nº 158900-33.2001.5.17.0007. II. Demonstrada violação do art. 5º, XXXVI, da Constituição Federal. III. Agravo de instrumento de que se conhece e a que se dá provimento, para determinar o processamento do recurso de revista, observando-se o disposto no ATO SEGJUD.GP Nº 202/2019 do TST. C) RECURSO DE REVISTA INTERPOSTO PELA RECLAMADA. ACÓRDÃO REGIONAL PUBLICADO NA VIGÊNCIA DA LEI Nº 13.015/2014. EXECUÇÃO DE SENTENÇA COLETIVA. EMPRESA BRASILEIRA DE CORREIOS E TELÉGRAFOS - ECT. PROGRESSÕES HORIZONTAIS POR ANTIGUIDADE CONCEDIDAS POR NORMA COLETIVA. COMPENSAÇÃO. POSSIBILIDADE. COISA JULGADA. OFENSA. CONHECIMENTO E PROVIMENTO I. O entendimento que se consolidou neste Tribunal Superior é de que os valores já recebidos em virtude de progressões por antiguidade estipuladas por norma coletiva devem ser deduzidos dos valores devidos a título de progressões horizontais por antiguidade previstas no PCCS da Reclamada, por aplicação analógica do precatório em favor do exequente e que será cumprido pela Administração Pública, na regra geral, de acordo com a ordem cronológica de apresentação, de acordo com o disposto no art. 100 da CF[264].

Porém, de acordo com o disposto no § 1º do art. 100 da CF[265], os débitos de natureza alimentícia serão pagos com preferência de todos os demais, salvo as exceções previstas no § 2º[266].

Na conformidade do disposto no § 3º do art. 100 da CF[267], o pagamento dos créditos de pequeno valor não se encontra sujeito à execução por meio de precatórios (60 salários mínimos para a União;

---

entendimento consagrado na Súmula nº 202 do TST. II. No caso dos autos, o comando judicial da ação coletiva nº158900-33.2001.5.17.0007 defere progressões horizontais não concedidas, até que circunstâncias fáticas ou jurídicas o modifiquem. Logo, verificando-se a concessão de promoções horizontais que detêm a mesma natureza jurídica no período abrangido pela condenação, bem como que a sentença coletiva não faz nenhuma distinção entre as progressões, é imperioso deferir a compensação, independentemente de as progressões estarem previstas em acordo coletivo de trabalho. III. O Tribunal Regional, ao indeferir a compensação das progressões horizontais por antiguidade concedidas por meio de norma coletiva com aquelas previstas no PCCS de 1995 da ECT, afrontou o comando que emerge do título executivo judicial da Ação Coletiva nº 158900-33.2001.5.17.0007 e violou o art. 5º, XXXVI, da Constituição Federal. IV. Recurso de revista de que se conhece e a que se dá provimento " (RRAg-1186-31.2015.5.17.0003, 4ª Turma, Relator Ministro Alexandre Luiz Ramos, DEJT 17/12/2021).

[264] Os pagamentos devidos pelas Fazendas Públicas Federal, Estaduais, Distrital e Municipais, em virtude de sentença judiciária, far-se-ão exclusivamente na ordem cronológica de apresentação dos precatórios e à conta dos créditos respectivos, proibida a designação de casos ou de pessoas nas dotações orçamentárias e nos créditos adicionais abertos para este fim.

[265] Os débitos de natureza alimentícia compreendem aqueles decorrentes de salários, vencimentos, proventos, pensões e suas complementações, benefícios previdenciários e indenizações por morte ou por invalidez, fundadas em responsabilidade civil, em virtude de sentença judicial transitada em julgado, e serão pagos com preferência sobre todos os demais débitos, exceto sobre aqueles referidos no § 2º deste artigo.

[266] § 2º Os débitos de natureza alimentícia cujos titulares, originários ou por sucessão hereditária, tenham 60 (sessenta) anos de idade, ou sejam portadores de doença grave, ou pessoas com deficiência, assim definidos na forma da lei, serão pagos com preferência sobre todos os demais débitos, até o valor equivalente ao triplo fixado em lei para os fins do disposto no § 3º deste artigo, admitido o fracionamento para essa finalidade, sendo que o restante será pago na ordem cronológica de apresentação do precatório.

[267] § 3º O disposto no caput deste artigo relativamente à expedição de precatórios não se aplica aos pagamentos de obrigações definidas em leis como de pequeno valor que as Fazendas referidas devam fazer em virtude de sentença judicial transitada em julgado.

40 salários mínimos para o Estado e 30 salários mínimos para o Município), pois, após a fixação do valor do crédito, o Juiz do Trabalho expedirá requisição judicial, com notificação da Fazenda Pública para pagamento em 60 dias, sob pena de sequestro do numerário (§ 2º do art. 17 da Lei nº 10.259/2001).

24.3 Execução contra massa falida e empresas em recuperação judicial

A recente Lei nº 14.112/2020, alterando a Lei nº 11.101/2005, promoveu a atualização da legislação que trata da recuperação judicial e decretação extrajudicial bem como da falência do empresário e da sociedade empresária, vedando o prosseguimento das execuções relativas a créditos ou obrigações sujeitos à falência ajuizadas contra o devedor solidário.

Verifica-se, do acima exposto, que a execução do crédito trabalhista está subordinada ao juízo universal e ao processamento da recuperação judicial ou da falência, pois, de acordo com o disposto na Lei nº 14.112/2020, a arrecadação dos bens, a realização do ativo e o pagamento aos credores são de competência do juízo falimentar.

Como é sabido, o crédito trabalhista é considerado alimentar e preferencial, nos termos do artigo 100 § 1º da CF/1988, sendo certo que, durante o processo de falência, a preferência para pagamento dos créditos trabalhistas atinge o limite de até 150 salários-mínimos por trabalhador, pois, na eventualidade de existir saldo remanescente, este será equiparado aos dos créditos quirografários.

A sistematização da recuperação judicial, da recuperação extrajudicial e da falência do empresário e da sociedade empresária encontra-se disciplinada no art. 6º, constatando-se que os incisos I, II e III determinam a suspensão das execuções já ajuizadas contra o devedor, inclusive dos credores particulares do sócio solidário, sujeitos à recuperação judicial ou à falência.

Assim sendo, decretada a falência ou deferido o processamento da recuperação judicial surgem imediatamente as seguintes situações:

> suspensão do curso da prescrição das obrigações do devedor que estão sujeitas ao regime desta lei;
> suspensão das execuções ajuizadas contra o devedor, incluindo ações dos credores particulares do sócio solidário, relativas a créditos ou obrigações sujeitas à recuperação judicial ou à falência;
> proibição de qualquer forma de retenção, arresto, penhora, sequestro, busca e apreensão e constrição judicial ou extrajudicial sobre os bens do devedor, oriunda de demandas judiciais ou extrajudiciais cujos créditos ou obrigações sujeitem-se à recuperação judicial ou à falência.

Portanto, a fase executória e os consequentes atos de execução devem ser imediatamente suspensos, circunstância que determina que os créditos trabalhistas sejam inscritos no quadro-geral de credores pelo valor determinado na sentença proferida na fase de conhecimento, valendo dizer que as ações trabalhistas serão processadas perante a Justiça Especializada até a apuração do crédito, após o que, mediante certidão específica, serão inscritos no quadro-geral de credores pelo valor determinado em sentença[268].

Questão de relevância diz respeito à responsabilidade do sócio pelas dívidas trabalhistas quando não for localizado bem de propriedade da empresa executada capaz de garantir a satisfação do

---

268 Recuperação Judicial Execução. Empresa em recuperação judicial. Inscrição no BNDT. Incompetência da Justiça do Trabalho. Inexistência. Ato executório ilícito. Inocorrência. Precedente do STJ. A cessação dos atos executórios no plano processual, com o advento da recuperação judicial do devedor, não importa a solução da dívida no plano material. Esta subsiste, até efetiva

débito exequendo[269], visto que, normalmente, a inclusão do sócio no polo passivo ocorre quando as tentativas de satisfação integral do crédito pela inexistência de bens suficientes da empresa executada resultam negativas[270]. Nesse sentido, o entendimento da doutrina conduzia à aplicação do disposto no § 5º do art. 28 do CDC, aplicado subsidiariamente ao processo do trabalho

Por força do disposto no art. 10-A da CLT, introduziu-se a previsão genérica de responsabilidade subsidiária do sócio pelas obrigações trabalhistas em consonância com o respectivo período em que figurou

---

satisfação. Ainda que seja deferido o processamento da recuperação judicial com a respectiva suspensão das ações e execuções, podem ser mantidas anotações em órgãos de proteção ao crédito, de que o BNDT é espécie. Assenta-se nessa linha a jurisprudência do STJ, como se pode ler no Agravo Regimental no Agravo em Recurso Especial nº 55.406 - SP (2011/0159114-8). Recurso não provido. (PJe TRT/SP 1001220- 92.2013.5.02.0385 - 15ª Turma - AP - Rel. Marcos Neves Fava - DeJT 18/12/2020).

[269] LIQUIDAÇÃO/ CUMPRIMENTO/ EXECUÇÃO Desconsideração da personalidade jurídica Execução. Instauração de Incidente de Desconsideração da Personalidade Jurídica. Falência e Recuperação Judicial. Quando se tem a recuperação judicial ou a falência da empregadora, a execução pode ser redirecionada contra o patrimônio pessoal dos sócios. Entendimento assente no Tribunal Superior do Trabalho. Agravo de Petição a que se nega provimento. (Proc. 1001827-41.2015.5.02.0319 - 11ª Turma - AP - Rel. Eduardo de Azevedo Silva - DeJT 27/08/2021).

[270] "AGRAVO INTERNO. AGRAVO DE INSTRUMENTO EM RECURSO DE REVISTA INTERPOSTO NA VIGÊNCIA DA LEI Nº 13.467/2017. EXECUÇÃO. DECISÃO MONOCRÁTICA. EMPRESA EXECUTADA EM RECUPERAÇÃO JUDICIAL. DESCONSIDERAÇÃO DA PERSONALIDADE JURÍDICA. REDIRECIONAMENTO DA EXECUÇÃO AOS SÓCIOS. COMPETÊNCIA DA JUSTIÇA DO TRABALHO. Em se tratando de recurso de revista interposto em processo de execução, a única hipótese de cabimento é a alegação de ofensa direta e literal a preceito constitucional, nos termos do art. 896, § 2º, da CLT, combinado com a Súmula nº 266 do TST. É firme o entendimento nesta Corte Superior no sentido de que o redirecionamento da execução contra os sócios da empresa em recuperação judicial não retira a competência da Justiça do Trabalho, tendo em vista que, nesses casos, a constrição não recairá sobre bens vinculados à recuperação judicial e sim sobre os bens dos sócios. Ademais, a indicação de violação ao artigo 114 da Constituição Federal de forma genérica, sem especificar o dispositivo (inciso ou parágrafo) que teria sido supostamente violado, não atende as exigências do art. 896, §1º-A, II, a CLT e da Súmula 221 do TST. Precedentes. Agravo interno conhecido e não provido" (Ag-AIRR-11637-42.2016.5.18.0104, 8ª Turma, Relator Ministro Emmanoel Pereira, DEJT 17/12/2021).

como sócio da executada, elencando a ordem de preferência pela seguinte forma:

1. empresa devedora;
2. sócios atuais;
3. sócios retirantes.

Com a finalidade de disciplinar o instituto da desconsideração da personalidade jurídica, foi inserido o artigo 855-A da CLT, determinando a aplicação do incidente de desconsideração da personalidade jurídica ao processo do trabalho previsto nos artigos 133 a 137 do CPC. Dessa forma, os bens particulares dos sócios somente poderão ser executados por dívidas da sociedade, após a execução dos bens da pessoa jurídica.

No que respeita ao pagamento dos créditos trabalhistas em se tratando de recuperação judicial, o prazo é de um ano, possibilitando seja estendido em até dois anos, na hipótese do plano de recuperação judicial atender, cumulativamente, os seguintes requisitos:

a. apresentação de garantias julgadas suficientes pelo juiz;
b. aprovação pelos credores titulares de créditos derivados da legislação trabalhista ou decorrentes de acidentes de trabalho, na forma do § 2º do art. 45 da lei;
c. garantia da integralidade do pagamento dos créditos trabalhistas.

Como se verifica, as modificações introduzidas pela Lei nº 14.112/2020, ao ampliarem o prazo para que as empresas em crise possam quitar seus débitos, procuraram incentivar a atividade econômica da empresa sob recuperação judicial[271].

Em se tratando de falência, os créditos trabalhistas, limitados a 150 salários-mínimos por credor, e os que derivem de acidentes de

---

[271] "AGRAVO DE INSTRUMENTO. RECURSO DE REVISTA. EXECUÇÃO. LEI Nº 13.467/2017. EXECUTADAS. PENHORA. ORDEM DE PREFERÊNCIA. HIPÓTESE RESTRITIVA DE CABIMENTO

trabalho têm prioridade de pagamento e ocupam a primeira posição na classificação dos créditos.

De acordo com o art. 76 da Lei nº 11.101/2005, o juízo da falência é indivisível e o único competente para conhecer todas as ações sobre bens, interesses e negócios do falido; referida indivisibilidade do juízo falimentar diz respeito às ações propostas quando já decretada a falência, envolvendo as ações ajuizadas pela massa falida ou contra ela.

Uma vez decretada a falência, a Justiça do Trabalho deixa de ser competente para executar patrimônio de sócio solidário, encerrando a sua atividade jurisdicional com a definição do crédito e a expedição de certidão para habilitação do crédito trabalhista no quadro geral de credores perante o Juízo Universal Falimentar[272], segundo os termos

---

DO RECURSO DE REVISTA EM EXECUÇÃO (ART. 896, § 2º, DA CLT E SÚMULA Nº 266 DO TST). 1 - A admissibilidade do recurso de revista contra acórdão proferido em agravo de petição ou em processo incidente na execução depende de violação direta de dispositivo da Constituição Federal, nos termos do § 2º do art. 896 da CLT e da Súmula nº 266 do TST. 2 - No caso concreto, a executada somente indicou, nas razões do recurso de revista, afronta a dispositivos legais (arts. 805 e 835, § 1º, do CPC; 393 do Código Civil e 501 da CLT) e colacionou aresto. Desse modo, não está fundamentado, conforme o art. 896, § 2º, da CLT, considerando que se olvidou de apontar violação direta da Constituição Federal, como bem detectado pelo juízo primeiro de admissibilidade. 3 - Prejudicada a análise da transcendência. 4 - Agravo de instrumento a que se nega provimento" (AIRR-10984-18.2016.5.03.0020, 6ª Turma, Relatora Ministra Katia Magalhaes Arruda, DEJT 17/12/2021).

[272] DEPÓSITO RECURSAL Massa Falida Boletim de Jurisprudência do TRT2 Secretaria de Gestão Jurisprudencial, Normativa e Documental - SGJND 4 Agravo de petição. Depósito recursal feito antes da decretação da falência. Proibição de liberação do valor para o exequente. Vis attractiva do juízo universal da falência. Todos os bens e créditos da massa falida, inclusive aqueles objeto de constrição judicial e os produtos obtidos em leilão realizado no âmbito trabalhista sujeitam-se à força atrativa do Juízo Universal da Falência, conforme § 3º do art. 108 da Lei nº 11.101/2005. É irrelevante o momento no qual se deu o depósito ou constrição de bens ou dinheiro da empresa executada, seja antes ou depois da decretação da falência, haja vista a força atrativa do Juízo Universal da Falência. Assim, a competência da Justiça do Trabalho em relação à falida está limitada à constituição do crédito trabalhista, sendo-lhe vedado qualquer ato de alienação judicial ou liberação de numerário. Assim, durante a falência ou recuperação judicial é vedado à Justiça do Trabalho praticar qualquer ato de alienação ou liberação de numerário da empresa recuperanda ou falida. (PJe TRT/SP 0082800- 10.2009.5.02.0028 - 12ª Turma - AP - Rel. Marcelo Freire Gonçalves - DeJT 11/02/2021).

da Lei nº 14.112/2020, garantindo que todos os credores venham a receber o mesmo tratamento, respeitando o princípio da igualdade.

24.4 Empresas em liquidação extrajudicial

A Lei nº 14.112/2020, que trata da Recuperação Judicial e Falências, reformulou a Lei nº 11.101/2005, sendo importante ressaltar que o procedimento da Recuperação Extrajudicial consiste na realização de negociação privada entre a empresa em liquidação e seus credores, embora homologada pelo Poder Judiciário, sendo permitida a inclusão de créditos trabalhistas ou decorrentes de acidente de trabalho na Recuperação Extrajudicial, desde que efetivada por meio de negociação coletiva com o sindicato da respectiva categoria profissional.

O plano de recuperação tem natureza de título executivo, valendo dizer que se a empresa devedora não cumprir as obrigações assumidas, o credor poderá requerer a execução do acordo ou ajuizar pedido de falência.

Dessa forma, a execução trabalhista contra empresas em liquidação extrajudicial é realizada diretamente[273], na medida em que não existe deslocamento da competência da Justiça do Trabalho nem a necessidade de habilitação do crédito trabalhista, porque a

---

[273] LIQUIDAÇÃO / CUMPRIMENTO / EXECUÇÃO Constrição / Penhora / Avaliação / Indisponibilidade de Bens Execução. Liquidação extrajudicial. Pedido de suspensão da ação trabalhista. O fato de a executada encontrar-se em liquidação extrajudicial não impede a penhora de crédito, por não se tratar de falência ou liquidação judicial, mas de mero procedimento administrativo que não enseja a atração do juízo universal, a teor da Orientação Jurisprudencial 143 da SDI-I do TST. Nego provimento. (Proc. 1000288-32.2016.5.02.0084 - 10ª Turma - AP - Rel. Regina Celi Vieira Ferro - DeJT 28/05/2021).

liquidação extrajudicial é instituto distinto da liquidação judicial e da falência.

Embora na falência e nos procedimentos de recuperação judicial e extrajudicial exista a ocorrência de ponto comum, qual seja, a existência de dificuldades nas atividades financeiras, na liquidação extrajudicial a empresa continua executando suas atividades econômicas, motivo pelo qual a execução do crédito trabalhista prosseguirá até a completa satisfação da obrigação pelo devedor.

Assim sendo, a declaração da liquidação extrajudicial não impede o direito de o empregado ajuizar reclamação trabalhista contra a empresa em liquidação e não obsta o prosseguimento das ações e execuções em curso.

A propósito do tema, o entendimento do C. TST contido na OJ 143 da SDI-I:

> Empresa em liquidação extrajudicial – Execução – Créditos trabalhistas – Lei 6.024/1974 (inserida em 27/11/1998). A execução trabalhista deve prosseguir diretamente na Justiça do Trabalho mesmo após a decretação da liquidação extrajudicial. Lei 6.830/1980, arts.5º e 29, aplicados supletivamente. (CLT, art. 889 e CF/1988, art. 144).

Portanto, as alterações introduzidas pela Lei nº 14.112/2020, além de facilitarem a recuperação das empresas, propiciam maior efetividade na liquidação das dívidas com manutenção nos postos de trabalho e pagamento dos credores trabalhistas.

24.5 Execução de parcelas sucessivas

A execução que envolva o pagamento de parcelas sucessivas encontra-se disciplinada pelos artigos:

a. 891 da CLT envolvendo prestações sucessivas por tempo determinado[274], abrangendo o inadimplemento de uma parcela que compreenderá as que lhe sucederem;
b. 892 da CLT abrangendo prestações sucessivas por tempo indeterminado[275] que envolverá as parcelas devidas até a data de ingresso na execução.

24.6 Execução fiscal – cobrança das multas administrativas aplicadas pela fiscalização do trabalho

A cobrança das multas aplicadas pela fiscalização trabalhista, previstas no Título VII da CLT, encontra-se disciplinada através dos artigos 626 e seguintes, competindo às autoridades competentes do recriado Ministério do Trabalho e da Previdência Social em 28/07/2021, a fiscalização das normas de proteção ao trabalho.

De acordo com o Decreto 10.854 de 10/11/2021, entre outros temas de importância, foram tratados aspectos sobre o livro de inspeção do

---

[274] AGRAVO DE PETIÇÃO. EXECUÇÃO DE ACORDO CELEBRADO EM AUDIÊNCIA. EXISTÊNCIA DE CLAUSULA PENAL EXPRESSA. ATRASO NO PAGAMENTO DE PARCELA. VENCIMENTO ANTECIPADO DAS DEMAIS. VALIDADE DA CLÁUSULA PENAL ATÉ O TERMO INICIAL DA RECUPERAÇÃO JUDICIAL. Consoante art. 891 da CLT, "nas prestações sucessivas por tempo determinado, a execução pelo não-pagamento de uma prestação compreenderá as que lhe sucederem." Assim, é direito subjetivo da parte celebrar acordo com previsão de multa sobre parcelas em aberta, no caso de atraso. Uma vez verificada a mora, é lícito ao credor buscar a satisfação de seu crédito, com todos os meios admitidos em Direito. Entretanto, em razão da sentença de recuperação judicial, a execução segue por aquele juízo, sendo que a multa sobre as parcelas inadimplidas a partir do termo estabelecido nesse decisum deverá ser requerida ao juízo cível, em razão das regras próprias relativas às penalidades. (TRT da 2ª Região; Processo: 1000872-14.2018.5.02.0316; Data: 04/02/2021; Órgão Julgador: 17ª Turma - Cadeira 3 - 17ª Turma; Relator(a): CARLOS ROBERTO HUSEK).

[275] Parcelas vincendas. Possibilidade. O contrato de trabalho está em vigor e é de trato sucessivo, ou seja, renova-se no tempo. A obrigação não se limita às violações passadas, mas, também, ao cumprimento da legislação e da decisão judicial para o futuro. Lícito, assim, ao empregado, postular parcelas vincendas e tê-las inclusas na liquidação e execução de sentença, conforme Súmula 59 desta Corte Regional. (TRT da 2ª Região; Processo: 0002535-35.2013.5.02.0075; Data: 29/10/2020; Órgão Julgador: 6ª Turma - Cadeira 4 - 6ª Turma; Relator(a): ANTERO ARANTES MARTINS).

trabalho eletrônico, fiscalização das normas de proteção ao trabalho e saúde e segurança do trabalho.

Por força da Lei nº 14.261/2021, foi inserido o art. 628-A na CLT que dispõe sobre o domicílio eletrônico trabalhista, dispensando que a comunicação com o empregador seja realizada através de publicações no Diário Oficial da União.

Lembra-se que, por força do disposto na EC 45/04, que ampliou a competência da Justiça do Trabalho, foi inserido no art. 114 da CF/88 o inciso VII, que trata da mesma matéria. Anteriormente, as decisões a propósito da matéria eram proferidas pela Justiça comum.

Os auditores do trabalho, via de regra, empreendem as seguintes ações: imposição de penalidades por infração de normas trabalhistas, como é o caso da falta de anotações de CTPS de empregados; falta de recolhimento do FGTS; infração às normas de segurança e saúde do trabalho; investigação de acidentes do trabalho etc.

Para realização de referidas atividades, os inspetores do trabalho promovem inspeção nas empresas com a finalidade de instruí-las e orientá-las acerca de novos dispositivos legais, como também verificar a ocorrência de qualquer violação legal.

O auditor tem obrigação de exibir sua identidade funcional que lhe dará livre acesso ao local da inspeção, podendo, inclusive, solicitar a exibição de documentos compatíveis com o exercício da fiscalização.

Importa ressaltar que as declarações dos auditores do trabalho gozam de fé pública e presumem-se verdadeiras, e só podem ser desconsideradas judicialmente. Portanto, é irrelevante a aposição ou não da assinatura do autuado no auto de infração.

De acordo com a norma prevista no art. 627, poderá ser estabelecido o critério da dupla visita, salvo se a infração constatada for de natureza grave, como, por exemplo, a falta de anotação de CTPS.

Constatada a irregularidade, o art. 627-A prevê a celebração de termo de compromisso, que, se descumprido, gerará a lavratura imediata do auto de infração.

Todas as visitas realizadas por auditores do trabalho deverão ser anotadas no Livro de Inspeção do Trabalho, quanto ao início, verificação e término da diligência, apontando, de forma circunstanciada, as irregularidades encontradas e os prazos concedidos para regularização.

Constatando a prática de violação legal, o inspetor procederá à lavratura do auto de infração circunstanciado[276], cujos termos também serão registrados no livro de inspeção do trabalho; referido auto será produzido em duas vias, destinando-se uma delas ao infrator que o receberá mediante recibo ou através de registro postal no prazo de dez dias, caso tenha havido recusa da empresa em receber sua cópia.

A partir da ciência da lavratura do auto de infração, o infrator poderá apresentar defesa administrativa nos dez dias subsequentes ao recebimento do auto, podendo, inclusive, se a situação prática ensejar, requerer a produção de audiência para inquirição de testemunhas, circunstância essa que ficará à exclusiva apreciação da autoridade administrativa quanto à sua oportunidade. Verifica-se, pois, que

---

[276] EXECUÇÃO FISCAL. COBRANÇA DE MULTA POR OFENSA A NORMA ADMINISTRATIVA. DESCONSIDERAÇÃO DA PERSONALIDADE JURÍDICA IMPOSSIBILIDADE. O artigo 135, do CTN, permite a responsabilização de sócios, diretores, gerentes ou representantes de pessoas, nas execuções referentes aos créditos tributários do Poder Público, não aplicáveis à execução de multas por infração às normas trabalhistas, o que ocorre no caso. (TRT da 2ª Região; Processo: 1001254-41.2018.5.02.0434; Data: 21/07/2021; Órgão Julgador: 4ª Turma - Cadeira 5 - 4ª Turma; Relator(a): IVANI CONTINI BRAMANTE).

também no procedimento administrativo, garante-se ao autuado os princípios do contraditório e da ampla defesa.

Confirmada a autuação e, portanto, a imposição do pagamento de multa pela violação legal praticada, faculta-se a apresentação de recurso administrativo à autoridade competente, que deverá ser apresentado no prazo de dez dias da ciência da decisão, acompanhado da comprovação relativa ao depósito no valor da multa aplicada.

Constitui pressuposto essencial para prosseguimento do recurso administrativo a realização de depósito relativo à multa imposta, cabendo, ainda, ao infrator a possibilidade de, em renunciando à interposição do recurso, beneficiar-se de favor legal referente à redução da multa em 50% (cinquenta por cento), que deverá ser recolhida no prazo de dez dias.

Acolhido o recurso ou a defesa apresentada pelo infrator, a multa em discussão será cancelada, incumbindo à autoridade administrativa recorrer de oficio à autoridade superior.

Caso o recurso administrativo não seja provido, o depósito recursal realizado pelo infrator converte-se em pagamento da penalidade que lhe foi imposta, com consequente extinção do procedimento administrativo.

Não havendo a interposição de recurso ou depósito do valor da multa aplicada, expedir-se-á notificação ao autuado para satisfação da referida obrigação.

Na hipótese de não comparecimento do infrator ou na ausência de depósito da multa que lhe foi imposta, será realizado o lançamento da inscrição da penalidade em livro próprio como requisito primordial para cobrança judicial, visto que tal procedimento reveste-se de atributo de título de dívida líquida e certa.

Esgotado o procedimento administrativo, poderá o interessado buscar, através de ação judicial, a anulação e/ou cancelamento do auto de infração.

Caso a cobrança judicial seja ajuizada, caberá a aplicação do disposto na Lei nº 6.830/1980, também conhecida por Lei de Execução Fiscal que, resumidamente, compreenderá as seguintes fases :

a. inscrição da dívida ativa para verificação da infração administrativa, com lançamento de importância líquida e certa, abrangendo o principal, atualização monetária, juros e multa de mora;
b. o termo de inscrição da dívida ativa deverá ser circunstanciado, contendo o nome do devedor, o valor originário da dívida, a origem, natureza e fundamento legal da dívida, a data e número da inscrição no registro da dívida ativa e o número do processo administrativo ou do auto de infração;
c. o despacho que admitir a petição inicial, instruída com a certidão da dívida ativa, determinará a citação, penhora, arresto, registro da constrição e avaliação dos bens penhorados.
d. recebida a citação, o devedor terá 5 dias para realizar o pagamento da dívida com os acréscimos legais, podendo, no mesmo prazo, garantir a execução através de: depósito em dinheiro, fiança bancária, seguro garantia judicial, nomeação de bens;
e. na inobservância das hipóteses acima apontadas pelo devedor, a penhora poderá recair sobre qualquer bem do executado, salvo os considerados legalmente impenhoráveis;
f. materializada a garantia do juízo, o executado poderá oferecer embargos no prazo de 30 (trinta) dias, contados do depósito, da apresentação da fiança bancária ou da intimação da

penhora, visto que em nenhuma hipótese será admitida a apresentação de embargos antes da garantia da execução;

g. recebidos os embargos, a Fazenda Pública será intimada para impugná-los nos trinta dias subsequentes, designando-se, se for o caso, a realização de audiência de instrução e julgamento;
h. decididos os embargos, a sentença proferida poderá ser revista por meio de Agravo de petição[277]; seguindo-se a arrematação, adjudicação e a alienação dos bens constritos;
i. a cobrança judicial da dívida ativa não está sujeita a concurso de credores ou à habilitação em falência, inventário ou arrolamento;
j. poderá ocorrer a suspensão do curso da execução enquanto não forem localizados bens do devedor, circunstância essa que implica, inclusive, a suspensão da prescrição.

A prescrição para cobrança de tais multas é de 5 anos, admitindo-se a prescrição intercorrente, de acordo com o disposto no art. 40 da Lei nº 6.830/1980, condicionada à manifestação da Fazenda Pública.

Esgotados os meios normais para satisfação do crédito, proceder-se-á à desconsideração da pessoa jurídica, direcionando-se a execução contra os sócios, desde que integrantes da empresa à época da autuação.

Permite-se, outrossim, o parcelamento da dívida, com consequente suspensão da execução fiscal.

---

[277] AGRAVO DE PETIÇÃO EM EXECUÇÃO FISCAL. MULTA ADMINISTRATIVA. IMPOSSIBILIDADE DE DIRECIONAMENTO DA EXECUÇÃO EM FACE DO SÓCIO DA EXECUTADA. A responsabilidade pelo pagamento da multa administrativa fiscal é daquele que figura no processo administrativo e contra quem se formou o título executivo, representado pela certidão da Dívida Ativa, conforme o art. 2º, § 5º, I, da Lei nº 6.830/1980. Na hipótese dos autos, a pretensão da União em redirecionar a execução em face do sócio da pessoa jurídica executada não prospera, vez que este não consta da Certidão de Dívida Ativa. Inteligência da Súmula 392 do STJ. (TRT da 2ª Região; Processo: 1002351-85.2015.5.02.0271; Data: 15/02/2017; Órgão Julgador: Gabinete da Vice-Presidência Judicial - Tribunal Pleno; Relator(a): MYLENE PEREIRA RAMOS).

AÇÃO MONITÓRIA

Das diversas dificuldades surgidas com a execução e sua morosidade, foram criadas tutelas diferenciadas e, por consequência, processos diferenciados, que objetivam a proteção por via jurisdicional por meios processuais particularmente ágeis e revestidos de cognição sumária.

Assim, Ação Monitória constitui uma dessas hipóteses, objetivando a formação de título executivo judicial de maneira mais rápida, circunstância que não viola os princípios do devido processo legal, da ampla defesa e do contraditório.

O processo monitório é caracterizado por duas fases distintas, quais sejam : a) conhecimento sumário e liminar para expedição do mandado, resultando, daí a importância da existência de documento escrito noticiando a obrigação; b) conhecimento pleno através da apresentação dos embargos, quando, então, será formado o título executivo, se rejeitadas as alegações do devedor.

Importante realçar que a Ação Monitória pode ser utilizada pelo empregado e também pelo empregador, quando pretender, por exemplo, a devolução de equipamentos, vestimentas ou utensílios em poder do empregado e que lhe foram cedidos para uso durante a vigência da relação de emprego e não foram devolvidos por ocasião da rescisão contratual.

Constituem hipóteses comuns que ensejam o ajuizamento de monitória pelo empregado ou prestador de serviços o inadimplemento do termo de rescisão contratual ou a existência de documento que comprove a obrigação assumida pelo tomador de serviços[278].

Portanto, qualquer documento que comprove a existência de obrigação em pecúnia poderá ensejar a propositura da Ação Monitória[279], encontrando-se prevista nos arts. 700[280], 701[281] e 702[282] do

---

[278] AÇÃO MONITÓRIA. CONFISSÃO DE DÍVIDA. COBRANÇA DE TÍTULO EXECUTIVO EXTRAJUDICIAL. INADEQUAÇÃO. O credor munido de documento que se reveste das características de título executivo extrajudicial, como a confissão de dívida firmada pela ré (CPC, art. 784, III), não pode se socorrer da ação monitória, alegando a necessidade de formação de um título executivo, pois na realidade já o possui. A confissão de dívida das contribuições assistenciais, como título executivo extrajudicial que é, dá ensejo à ação de execução, em conformidade com o disposto no art. 877-A da CLT. Correta a r. sentença ao extinguir o feito sem resolução de mérito, nos termos do art. 485, VI, do CPC. Recurso ordinário a que se nega provimento. (TRT da 2ª Região; Processo: 1000227-27.2021.5.02.0043; Data: 06/07/2021; Órgão Julgador: 3ª Turma - Cadeira 4 - 3ª Turma; Relator(a): MERCIA TOMAZINHO).

[279] AÇÃO MONITÓRIA. REQUISITOS. A ação monitória é cabível justamente para aquele que pretende requerer, com fundamentado em prova escrita sem eficácia de título executivo, obrigação de pagar quantia em dinheiro, entregar coisa fungível ou infungível, bem móvel ou imóvel, ou o adimplemento de obrigação de fazer ou não fazer, conforme disposições do art. 700 do CPC/2015. Recurso ordinário do autor a que se dá provimento. (TRT da 2ª Região; Processo: 1001140-28.2020.5.02.0242; Data: 23/06/2021; Órgão Julgador: 3ª Turma - Cadeira 3 - 3ª Turma; Relator(a): WILDNER IZZI PANCHERI).

[280] A ação monitória pode ser proposta por aquele que afirmar, com base em prova escrita sem eficácia de título executivo, ter direito de exigir do devedor capaz: I - o pagamento de quantia em dinheiro; II - a entrega de coisa fungível ou infungível ou de bem móvel ou imóvel; III - o adimplemento de obrigação de fazer ou de não fazer.

[281] Sendo evidente o direito do autor, o juiz deferirá a expedição de mandado de pagamento, de entrega de coisa ou para execução de obrigação de fazer ou de não fazer, concedendo ao réu prazo de 15 (quinze) dias para o cumprimento e o pagamento de honorários advocatícios de cinco por cento do valor atribuído à causa.

[282] Independentemente de prévia segurança do juízo, o réu poderá opor, nos próprios autos, no prazo previsto no art. 701, embargos à ação monitória.

CPC, cuja petição inicial haverá de observar os requisitos específicos dos artigos apontados e do art. 840 da CLT[283], mediante exposição clara dos fatos e fundamentos do pedido a ensejar a determinação de expedição do mandado monitório para pagamento no prazo de 15 dias, podendo o demandado, no mesmo prazo, apresentar embargos.

No processo do trabalho, deferida a expedição do mandado, será designada audiência para comparecimento das partes, ocasião em que as partes poderão se conciliar, ou o requerido poderá apresentar sua defesa.

Se ausente o autor na audiência inicial, a Ação Monitória será arquivada e, se ausente o devedor, os efeitos da revelia que lhe serão aplicados acarretarão a formação imediata do título executivo judicial.

Se do comparecimento do devedor houver a satisfação do pedido, será decretada a extinção do feito com resolução do mérito. Na hipótese de comparecimento do devedor e apresentação de embargos, abrir-se-á fase de conhecimento para discussão da matéria e, encerrada esta, será proferida decisão que, em acolhendo o pleito, terá por consequência a formação do título judicial e prosseguimento da execução, enquanto, se rejeitado o pedido, será decretada a extinção do processo.

A decisão proferida em Ação Monitória é recorrível através de Recurso Ordinário e uma vez transitada em julgado a execução se fará com base nas regras da execução trabalhista.

---

[283] A reclamação poderá ser escrita ou verbal. § 1o Sendo escrita, a reclamação deverá conter a designação do juízo, a qualificação das partes, a breve exposição dos fatos de que resulte o dissídio, o pedido, que deverá ser certo, determinado e com indicação de seu valor, a data e a assinatura do reclamante ou de seu representante. § 2o Se verbal, a reclamação será reduzida a termo, em duas vias datadas e assinadas pelo escrivão ou secretário, observado, no que couber, o disposto no § 1o deste artigo. § 3o Os pedidos que não atendam ao disposto no § 1o deste artigo serão julgados extintos sem resolução do mérito.

MANDADO DE SEGURANÇA EM EXECUÇÃO TRABALHISTA

Previsto no art. 5º, LXIX[284] da CF/88, o mandado de segurança constitui ação constitucional para garantir direito líquido e certo que tenha sofrido lesão ou que esteja na iminência de sofrê-la, encontrando-se disciplinado pela Lei nº 12.016/2009, para tutelar direito líquido e certo contra ato praticado por autoridade pública com ilegalidade ou abuso de poder.

De acordo com o disposto no art. 1º da Lei nº 12.016/2009[285], a ação mandamental pode ser impetrada preventivamente quando

---

[284] conceder-se-á mandado de segurança para proteger direito líquido e certo, não amparado por *"habeas-corpus"* ou *"habeas-data"*, quando o responsável pela ilegalidade ou abuso de poder for autoridade pública ou agente de pessoa jurídica no exercício de atribuições do Poder Público.

[285] Conceder-se-á mandado de segurança para proteger direito líquido e certo, não amparado por habeas corpus ou habeas data, sempre que, ilegalmente ou com abuso de poder, qualquer

houver ameaça de lesão ao direito[286] ou, repressivamente, quando a lesão ao direito líquido e certo tiver ocorrido[287].

Constituem condições específicas para impetração do mandado de segurança o direito líquido e certo, a ilegalidade ou abuso de poder praticado por autoridade pública[288].

A expressão direito líquido e certo tem relação com o procedimento ágil e célere, que não admite dilação probatória. Ou seja, o titular tem que demonstrar, desde a petição inicial, qual o direito que se visa garantir, bem como o ato ilegal ou o abuso que o violou.

O mandado de segurança para ser viável exige a demonstração do direito líquido e certo de plano por meio de prova pré-constituída, demonstrada objetivamente, porque o procedimento mandamental não admite instrução probatória, esclarecendo-se que, se o magistrado tiver dúvidas a respeito da certeza e liquidez o direito, a ação será

---

pessoa física ou jurídica sofrer violação ou houver justo receio de sofrê-la por parte de autoridade, seja de que categoria for e sejam quais forem as funções que exerça.

[286] MANDADO DE SEGURANÇA. SUSPENSÃO DE HASTA PÚBLICA. Considerando que o objeto do presente mandamus refere-se à hasta pública do imóvel de propriedade da impetrante, agendada para 25.05.2021, por não terem sido remetidos ao segundo grau o agravo de petição e o agravo de instrumento por ela interpostos nos autos principais, sendo certo a questão relativa à reavaliação do imóvel está sub judice no agravo de petição, temerária a realização do ato, visto que eventual arrematação do bem acarretará evidentes tumultos no curso da execução. Segurança concedida, para confirmar a suspensão da hasta pública até a publicação do acórdão a ser proferido nos autos principais. (TRT da 2ª Região; Processo: 1002189-20.2021.5.02.0000; Data: 10/08/2021; Órgão Julgador: SDI-3 - Cadeira 10 - Seção Especializada em Dissídios Individuais - 3; Relator(a): KYONG MI LEE).

[287] Mandado de segurança. Liberação de constrição. Recaindo restrições sobre bens da executada após a homologação de acordo, firmado em execução, ficam mantidas aquelas que garantem o valor ainda devido, tendo a executada impetrante direito líquido e certo para liberação de restrições sobre bens de valores excedentes. (TRT da 2ª Região; Processo: 1001914-71.2021.5.02.0000; Data: 20/10/2021; Órgão Julgador: SDI-4 - Cadeira 1 - Seção Especializada em Dissídios Individuais - 4; Relator(a): ANTERO ARANTES MARTINS).

[288] MANDADO DE SEGURANÇA. EXECUÇÃO DEFINITIVA. PENHORA DE VALOR EM EXCESSO. DIREITO LÍQUIDO E CERTO VIOLADO. SEGURANÇA CONCEDIDA. Havendo constrição pelo juízo de valores muito maiores que os da execução, tem o executado direito líquido e certo de ser restituído, de imediato, do excedente. No caso, a d. autoridade imputada coatora cumpriu a liminar deferida, com a liberação do montante penhorado em excesso, alcançando-se os efeitos satisfativos, de modo que referida liminar deve ser ratificada em definitivo. (TRT da 2ª Região; Processo: 1000883-16.2021.5.02.0000; Data: 22/10/2021; Órgão Julgador: SDI-6 - Cadeira 6 - Seção Especializada em Dissídios Individuais - 6; Relator(a): PAULO JOSE RIBEIRO MOTA).

indeferida, ao rigor do entendimento jurisprudencial cristalizado na Súmula 415 do TST[289].

Além da comprovação da existência do direito líquido e certo violado ou sob ameaça de violação, há necessidade de que o ato que se pretende alterar tenha sido praticado por autoridade pública com ilegalidade ou abuso de poder.

De acordo com o regramento da Lei nº 12.016/2009, incabível mandado de segurança:

a. contra os atos de gestão comercial praticados pelos administradores de empresas públicas, de sociedade de economia mista e de concessionárias de serviço público (art. 1º, § 2º);
b. contra ato do qual caiba recurso administrativo com efeito suspensivo, independentemente de caução (art. 5º, I);
c. contra decisão judicial da qual caiba recurso com efeito suspensivo (art. 5º, II);
d. contra decisão judicial transitada em julgado (art. 5º, III).

Na Justiça do Trabalho, a ação mandamental é muito utilizada, considerando-se a ausência de recurso próprio para discussão de decisões interlocutórias, considerando a irrecorribilidade imediata das mesmas, motivo pelo qual a doutrina e jurisprudência admitem a impetração do mandado de segurança na execução trabalhista que viole direito e não sejam passíveis de discussão por meio de agravo de petição.

Legitimado ativo na impetração da segurança é o titular do direito líquido e certo, cuja competência é fixada em razão da

---

[289] Exigindo o mandado de segurança prova documental pré-constituída, inaplicável o art. 321 do CPC de 2015 (art. 284 do CPC de 1973) quando verificada, na petição inicial do "mandamus", a ausência de documento indispensável ou de sua autenticação. (ex-OJ nº 52 da SBDI-2 - inserida em 20/09/2000).

matéria, porque o ato praticado deve estar sujeito à jurisdição trabalhista, na forma do disposto no inciso IV[290] do art. 114 da CF, citando-se como exemplo a interdição de estabelecimento por auditor do trabalho ou aplicação de multa na fiscalização das relações de trabalho.

O mandado de segurança individual ou coletivo, nos termos do art. 23 da Lei nº 12.016/2009[291], deve ser impetrado no prazo de cento e vinte dias, contados da ciência, pelo interessado, do ato impugnado, sob pena de decadência, valendo dizer que sua fluência não se interrompe, nem se suspende.

Doutrina e jurisprudência são unânimes em admitir a impetração em execução quando a decisão do magistrado violar direito líquido e certo e que não seja passível de revisão por meio de agravo de petição[292].

---

[290] Os mandados de segurança, habeas corpus e habeas data , quando o ato questionado envolver matéria sujeita à sua jurisdição.

[291] O direito de requerer mandado de segurança extinguir-se-á decorridos 120 (cento e vinte) dias, contados da ciência, pelo interessado, do ato impugnado.

[292] Mandado de segurança. Quitação da execução. Restrição judicial sobre veículo de propriedade da impetrante. Liberação. A impetrante possui direito líquido e certo à liberação da restrição judicial que recaiu sobre o veículo de sua propriedade, diante da comprovação da quitação da execução. A paralisação do feito causada pela entrega irregular dos autos em carga a advogado sem poderes para tanto, sem quaisquer notícias de sua efetiva localização, não pode prejudicar o direito da parte de ver liberado seu bem constrito. Segurança concedida. (PJe TRT/SP 1000240-92.2020.5.02.0000 - SDI 3 - MSCiv - Rel. Kyong Mi Lee - DeJT 11/02/2021).

26.1 Procedimento do mandado de segurança em execução trabalhista

A petição inicial do mandado de segurança deverá preencher os requisitos estabelecidos nos arts. 319[293] e 320[294] do CPC, acompanhada dos documentos necessários à comprovação da violação de direito líquido e certo pela autoridade judicial.

Distribuído o mandado de segurança, o magistrado relator ordenará a notificação da autoridade coatora para prestar informações no prazo de dez dias, bem assim, a intimação do litisconsorte necessário, podendo conceder a ordem liminarmente ou condicionar sua apreciação após a manifestação da autoridade coatora.

Decorrido o prazo para as informações pela autoridade coatora, o Ministério Público será intimado para manifestação de dez dias, após o que os autos serão conclusos ao magistrado relator para decisão em trinta dias, de acordo com o disposto no § único do art. 12 da Lei 12.016/2009[295].

A decisão do relator que concede ou rejeita a liminar não é recorrível, segundo o entendimento dominante contido na OJ 140 da SDI-II do TST[296] e as decisões de mérito serão recorríveis através de recurso ordinário para o TST, salvo se a impetração ocorrer perante Vara do Trabalho, cujo recurso será apreciado pelo TRT.

---

[293] A petição inicial indicará: I - o juízo a que é dirigida; II - os nomes, os prenomes, o estado civil, a existência de união estável, a profissão, o número de inscrição no Cadastro de Pessoas Físicas ou no Cadastro Nacional da Pessoa Jurídica, o endereço eletrônico, o domicílio e a residência do autor e do réu; III - o fato e os fundamentos jurídicos do pedido; IV - o pedido com as suas especificações; V - o valor da causa; VI - as provas com que o autor pretende demonstrar a verdade dos fatos alegados; VII - a opção do autor pela realização ou não de audiência de conciliação ou de mediação.

[294] A petição inicial será instruída com os documentos indispensáveis à propositura da ação.

[295] Findo o prazo a que se refere o inciso I do caput do art. 7o desta Lei, o juiz ouvirá o representante do Ministério Público, que opinará, dentro do prazo improrrogável de 10 (dez) dias. Parágrafo único. Com ou sem o parecer do Ministério Público, os autos serão conclusos ao juiz, para a decisão, a qual deverá ser necessariamente proferida em 30 (trinta) dias.

[296] Não cabe mandado de segurança para impugnar despacho que acolheu ou indeferiu liminar em outro mandado de segurança.

CONCENTRAÇÃO DE EXECUÇÕES

A concentração de execuções constitui a reunião de vários processos transitados em julgado e que se encontram na fase de execução, tendo por objetivo que diversos créditos sejam reunidos em único processo, objetivando o pagamento de inúmeros credores[297].

O fundamento da reunião de processos contra o mesmo devedor tem seu fundamento no art. 28[298] da Lei nº 6.830/1980, constituindo faculdade do magistrado condutor da execução.

---

[297] JUÍZO AUXILIAR EM EXECUÇÃO. LIBERAÇÃO DE VALORES DEPOSITADOS. O Juízo Universal em Execução trabalha para otimizar a fase de execução sempre que há muitos processos contra os mesmos devedores tramitando em varas do trabalho diferentes. A reunião de execuções, contudo, não deve impedir a liberação de valores previamente depositados no processo e destinados ao exequente. (TRT da 2ª Região; Processo: 0154400-15.2002.5.02.0068; Data: 07/04/2021; Órgão Julgador: 3ª Turma - Cadeira 5 - 3ª Turma; Relator(a): ROSANA DE ALMEIDA BUONO).

[298] O Juiz, a requerimento das partes, poderá, por conveniência da unidade da garantia da execução, ordenar a reunião de processos contra o mesmo devedor.

Constituem requisitos para a cumulação de execuções:

a. título executivo judicial ou extrajudicial não cumprido;
b. mesmo executado;
c. competência do magistrado para examinar todas as execuções;
d. mesmo procedimento.

De acordo com a Súmula 27 do STF, *"pode a execução fundar-se em mais de um título extrajudicial relativos ao mesmo negócio"*, autorizando, pois, a concentração de execuções que prestigia a celeridade e o aperfeiçoamento da prestação jurisdicional.

No âmbito do TRT da 2ª Região, o Juízo Auxiliar de Execuções – JAE, analisa a concentração de execuções e o art. 151 da CGJT estabelece os requisitos para tal fim, quais sejam : a) apresentação do plano de pagamento; b) balanço assinado por contador; c) renúncia a toda e qualquer impugnação ou recurso.

A concentração de execuções promove a celeridade processual, a razoável duração do processo e a igualdade entre os credores para recebimento de seus créditos[299], com a mesma garantia dos bens penhorados, via de regra imóveis de alto valor.

Na concentração de execuções, designa-se um processo piloto ao qual serão reunidos todos os demais para que sejam processados junto ao processo piloto.

---

[299] AGRAVO DE PETIÇÃO. PORTARIA CR Nº 2/2016. SUSPENSÃO DA EXECUÇÃO. A Portaria CR nº 2/2016 determinou a "suspensão temporária, para fins de reunião no Juízo Auxiliar em Execução", de todas as execuções que tramitam nas Varas do Trabalho contra as empresas e os sócios ali relacionados. Dispôs, ainda, que "as Varas que possuem ou que venham a possuir execuções em face dos referidos devedores ficam vinculadas", e todos os atos executórios dar-se-ão perante o Juízo Auxiliar em Execução. Não há óbice, todavia, no prosseguimento da execução em face de outras empresas ou pessoas físicas que não constem no referido rol, como no caso dos autos. Agravo de petição do exequente a que dá parcial provimento. (TRT da 2ª Região; Processo: 0214400-61.2003.5.02.0030; Data: 16/09/2020; Órgão Julgador: 3ª Turma - Cadeira 2 - 3ª Turma; Relator(a): KYONG MI LEE).